Acolhendo a criança interior

A jornada que liberta

CASSIA FERNANDES

AVISO LEGAL

CONTEÚDO

INTRODUÇÃO

Quando decidi escrever esse livro, meu objetivo principal era compartilhar minhas experiencias pessoais e profissionais com o maior número de pessoas possível. Uma vez que tem sido revelador e de grande cura para muitas pessoas entrar em contato com a criança interior.

A medida em que fui escrevendo, fui trazendo ainda mais ensinamentos dessa trajetória de autoconhecimento e desenvolvimento pessoal que venho percorrendo. Ficou muito rico e profundo. Sou grata por tanta inspiração.

Dedico boa parte do meu trabalho a estudar cada vez mais sobre essa abordagem que muitas vezes passa desapercebida por muitos terapeutas e psicólogos, o que leva muitas pessoas, não só a se prenderem a longos anos de terapia, como a criarem uma série de novos emaranhados em suas vidas.

Nesses relatos, compartilho alguns de meus desafios e superações com um olhar sistêmico que me fez enxergar algumas alianças invisíveis que têm a tendência de se perpetuarem quando alguns padrões de sofrimento se repetem.

Que esse conteúdo possa de alguma forma servir de fonte de apoio e incentivo na jornada da vida de todos que o lerem.

Sou grata pelo caminho que percorri, pois eu não seria a pessoa que me tornei se não tivesse sentido a necessidade de renascimento e cura.

Sou grata por, em meio a tantos desafios, poder enxergar o melhor de mim e fazer disso um impulso para servir o bem e caminhar na força da vida.

Desejo uma leitura inspiradora e de grande despertar. Deixo aqui um pouquinho de mim e levo o amor de todos que se conectarem com essas palavras.

Desejo a você uma ótima leitura.

O QUE É A CRIANÇA INTERIOR

A criança aprende a amar a si mesma a partir do amor que ela recebe dos pais e adultos próximos. Para a criança desenvolver bem a sua autoconfiança, ela precisa receber amor na forma de afeto, atenção, aceitação, elogio e proteção de forma suficiente e adequada.

Sofremos um grande impacto quando não recebemos esse alimento emocional de forma equilibrada na infância. Passamos a duvidar do nosso valor e merecimento.

Em menor ou maior grau, nesse cenário, vivemos uma constante sensação de vazio, inadequação e imaturidade emocional.

Ficamos apegados ao fato de que, para receber alguma atenção familiar ou de amigos, precisamos agradar aos outros para sermos aceitos. Deixamos de ser quem poderíamos ser, para nos tornarmos quem os outros julgam ser socialmente aceitável.

Nasce aqui uma criança interior ferida.

A criança interior são todas nossas memórias de experiências vividas, guardados desde a infância e, que de alguma forma, causam sofrimento.

Falta de afeto, de proteção, de elogios, de apoio, de acolhimento...

Essas programações começam a servir a um propósito de sobrevivência onde naquele momento foi entendido que era necessário para se proteger, então aceitamos como verdade aquele modelo de vida.

Essas programações dão ritmo a sua existência, e você passa a adotar um estilo de vida que nem sempre é favorável para sua evolução e crescimento.

A partir daqui, se encaixar para ser aceito torna-se um modelo de vida. Vamos para a vida adulta sem nos conhecer em essência.

Somos regidos por algumas leis básicas para viver como a necessidade de receber amor, proteção, acolhimento e pertencimento do primeiro núcleo da nossa existência, que é o sistema familiar.

Esse é alimento emocional para crescermos saudáveis emocionalmente.

Quando isso não acontece, possivelmente por nossos pais também não terem recebido esse alimento emocional, os impossibilitando de entregar aos seus filhos algo que eles nem sequer conheceram, então nos tornamos adultos com programas que chamamos de crenças raízes.

A criança interior ficará ferida até que em algum momento você desperte e olhe para essa sua parte que congelou em algum momento na infância.

É comum reconhecer crianças feridas escondidas em

"adultos difíceis."

Tamanha é a insegurança de algumas pessoas que não percebem a personalidade difícil e doentia que carregam, que a resposta para lidar com essa instabilidade é sendo autoritárias, arrogantes e reativas.

Há um desassossego, um vazio, um sentimento de inadequação, uma necessidade constante de reconhecimento que, com o tempo, trazem limitações em todas as áreas da vida.

AS CONSEQUÊNCIAS DA CRIANÇA FERIDA

Entenda algumas consequências na vida adulta de uma criança interior ferida:

Podemos nos tornar adultos indecisos, com dificuldade de assumir riscos e auto responsabilidades. Ficamos como uma criança à espera de que alguém nos cuide ou tome decisões por nós. Ficamos à espera de um salvador.

Se para ganhar atenção ou reconhecimento na infância era preciso barganhar ou agradar, é possível que nos tornemos adultos que, inconscientemente, acreditamos que para nos relacionar, é preciso sermos "bonzinhos" e até permissivos para sermos aceitos.

Em muitos casos quando criança, algumas pessoas só recebiam atenção quando ficavam doentes, possivelmente o inconsciente registrará essas informações como um programa e ficará reverberando mais situações semelhantes sempre que precisar de atenção.

Quando sentir algum abandono ou carência elevada, seu corpo irá produzir alguma desordem para adoecer e requisitar a atenção desejada.

A baixa autoestima produzida pela carência de afeto na infância também poderá ocasionar muitas dificuldades em relacionamentos afetivos, pois a mente inconsciente poderá entender que é necessário implorar por afeto e atenção ao outro sem nenhum sentimento de autovalorização.

Nesse cenário você pode se tornar pouco flexível com o parceiro (a), e ter a tendência de exigir que o outro se doe mais do que o possível, que aceite suas exigências e molde sua vida de acordo com o que você acredita ser o ideal. Isso acontece porque a sensação de vazio é tão grande que já não é percebido que o ingrediente necessário para preencher esse vazio não está no outro.

Quanto maior a carência, menor a autoestima e mais a pessoa terá tendência a buscar conforto em outras pessoas e relacionamentos, tornando-se dependente emocionalmente.

Essas dificuldades acabam trazendo muita carência, postura de vítima, desconexão com o propósito de vida, sensação de inadequação, autossabotagem na profissão, carreira ou negócios. Esse padrão de comportamento paralisa o crescimento e traz sofrimento para a vida com destinos difíceis.

Então seguimos pela vida atraindo pessoas com os mesmos programas de crenças que só reforçarão as dificuldades, sem oportunidade de evoluir e se abrir para o novo. Nesse universo não há maturidade emocional.

Serão necessários o resgate e a conexão profunda de acolhimento interior dessas dores, como quem acolhe um filho querido que precisa de amparo.

OS BUSCADORES

Há quem não sofra impactos tão altos em sua personalidade mesmo quando tem uma criança interior ferida.

Essas pessoas normalmente têm uma pré-disposição natural pela busca de si mesmo, de autoconhecimento e de enfrentamentos que irão trazer luz a certas compreensões. Costuma-se chamar esse grupo de buscadores.

Mas há aqueles que por alguma razão, terão mais dificuldades em perceber, entender e crescer diante da sua própria história.

E, assim essa criança interior permanece inocente, culpando a tudo e a todos por sua infelicidade.

Muitas pessoas passam a colecionar julgamentos e críticas a seus pais por uma vida toda e deixam de trazer para si a responsabilidade de mudar o rumo da sua história, da sua vida e do seu destino.

Nesse lugar, é impossível crescer. Todo o foco e energia fica direcionado para o passado, para aquilo que não deu certo, para aquilo que faltou.

Só é possível crescer a partir do momento que assumimos a responsabilidade da mudança que queremos ter.

É chegada a hora de ampliar a consciência e perceber que aquilo que não recebemos quando criança, podemos agora como adultos, conquistar e criar para nós mesmos: seja uma relação de afeto, seja o resgate do vínculo com nossos pais para além de nossas reivindicações, seja a conquista de algo material que precisamos ou evolução de não perpetuar certos sofrimentos para outras gerações.

Esse movimento de cura e libertação torna-se necessário para que possamos seguir pela vida plenos de nosso potencial e de merecimento.

Num outro contexto, existe os buscadores que são "ovelhas negras" na família pois são diferentes. Não encontram seu lugar na família, na vida, no mundo. Sentem que nasceram no lugar errado.

Vieram ao mundo com uma missão de fazer diferente devido ao tamanho de sua coragem e o desconforto com os padrões repetidos que não fazem sentido em suas vidas.

Esses buscadores são pessoas sensíveis, intuitivas, inteligentes e despertam para a vida muito cedo. Muitas vezes sofrem com repressões e são tolhidos, julgados, criticados e causam desconforto aos seus familiares.

É comum ver que essas pessoas acabam buscando futuramente uma certa distância morando longe de casa, pois sentem-se sufocados quando a não aceitação ultrapassa a fronteira do aceitável.

Bert Hellinger, o criador das constelações sistêmicas escreveu um texto de uma riqueza sem tamanho para ilustrar esse segundo grupo de buscadores:

As ovelhas negras da família

As chamadas "ovelhas negras" da família são, na verdade, caçadores natos de caminhos de libertação para a árvore genealógica.

Os membros de uma árvore que não se adaptam às normas ou tradições do sistema familiar, aqueles que desde pequenos procuravam constantemente revolucionar as crenças, indo em contra via dos caminhos marcados pelas tradições familiares, aqueles criticados, julgados e mesmo rejeitados, esses, geralmente são os chamados a libertar a árvore de histórias repetitivas que frustram gerações inteiras.

As "ovelhas negras" as que não se adaptam, as que gritam rebeldia, cumprem um papel básico dentro de cada sistema familiar, elas reparam, apanham e criam o novo e desabrocham ramos na árvore genealógica. Graças a estes membros, as nossas árvores renovam as suas raízes.

Sua rebeldia é terra fértil, sua loucura é água que nutre, sua teimosia é novo ar, sua paixão é fogo que volta a acender o coração dos ancestrais.

Incontáveis desejos reprimidos, sonhos não realizados, talentos frustrados de nossos ancestrais se manifestam na rebeldia dessas ovelhas negras procurando realizar-se.

A árvore genealógica, por inércia, quererá continuar a manter o curso castrador e tóxico do seu tronco, o que faz a tarefa das nossas ovelhas um trabalho difícil e conflituoso.

No entanto, quem traria novas flores para a nossa árvore se não fossem por elas?

Quem criaria novos ramos?

Sem elas, os sonhos não realizados daqueles que sustentam a árvore gerações atrás, morreriam enterrados sob as suas próprias raízes.

Que ninguém te faça duvidar. Cuida da tua "raridade" como a flor mais preciosa da tua árvore.

Tu és o sonho de todos os teus antepassados.

O SISTEMA FAMILIAR E A PERPETUAÇÃO DOS PADRÕES

Quando chegamos na vida adulta e estamos conscientes das mudanças que queremos fazer e dos motivos que trouxeram certos sofrimentos e posturas desfavoráveis em nossas vidas, podemos agir.

Em algumas famílias não se encontra o apoio para essa transformação, infelizmente.

Todos nós temos ideias, valores, pensamentos, sentimentos e ações baseados em nosso nível de consciência. Só sabemos que algo não é bom quando tomamos consciência, e em relação a dinâmicas familiares disfuncionais é a mesma coisa. Os pais só saberão que algo não vai bem se ampliarem suas consciências.

Certas dinâmicas familiares quando não são vistas como disfuncionais, o padrão tende a repetir-se por muitas gerações e nesses casos algumas pessoas só estão repetindo o que fizeram com eles sem saber do dano que seria causado no futuro.

Hoje temos acesso a diversas maneiras para buscar conhecimentos, um universo de informações que não existiam até alguns anos atrás.

Não é nenhum pouco próspero e saudável guardarmos mágoas e ressentimentos de nossos pais. Eles fizeram o que podiam dentro do nível de consciência deles e nos deram a vida.

Precisamos seguir pela vida com foco na força e não na dificuldade do sofrimento que é o que acontece quando alguém condena o pai ou a mãe.

Quando mantemos a mágoa e o ressentimento, estamos focando na dor, no erro, na falha e não na força de quem nos colocou no mundo e na possibilidade de crescimento. Nessa direção, o caminhar pela vida vai enfraquecendo a postura necessária para o crescimento e a evolução.

Os filhos são convidados a evoluir a espécie buscando ressignificar sua história e mudar seu destino.

Para entender melhor essa relação entre o sistema familiar, a vida, destinos e padrões que se repetem, é imprescindível sabermos um pouquinho sobre a filosofia de Bert Hellinger das constelações familiares.

Eu diria até que é impossível falar de criança interior sem relacionar os eventos de um histórico de vida com a dinâmica de um sistema familiar.

O olhar sistêmico das constelações nos mostra que a repetição de padrões acontece pelo vínculo familiar, pela lealdade e amor (um amor cego inconsciente) que temos com todos aqueles que pertencem ao nosso sistema.

Destaco um trecho do livro "Ordens do Amor" de Bert Hellinger sobre isso:

"Na comunidade de destino, constituída pela família e pelo grupo familiar, reina portanto, em razão do vínculo e do amor que lhe corresponde, uma necessidade irresistível de compensação entre vantagens de uns e as desvantagens de outros, entre a inocência e a sorte de uns e a culpa e a desgraça de outros, entre a saúde de uns e a doença de outros, e entre a vida de uns e a morte de outros."

Nesse movimento inconsciente, somos levados à

repetição do que é difícil. Porém, entrar em contato com esta identificação e olhar com amor e respeito para o que foi difícil nos permite a liberação do amor cego e seguir para uma vida mais leve.

BREVE RESUMO DA FILOSOFIA DAS CONSTELAÇÕES FAMILIARES

Você já parou para pensar sobre a forma como seus familiares impactam e influenciam, positiva ou negativamente, seus comportamentos e atitudes?

Todos nós possuímos características e cargas emocionais que nem sempre sabemos ou compreendemos a sua origem ou o motivo que faz nos sentirmos assim.

Não herdamos somente a parte genética, mas também sistemas de crença e esquemas de comportamento. Nossa família é um campo de energia do qual nós evoluímos.

Criada pelo psicoterapeuta alemão Bert Hellinger, a Constelação Familiar é uma prática terapêutica que nos dá a oportunidade de compreender os esquemas e dinâmicas familiares em seu nível mais profundo. Esse método explica que há uma repetição de comportamentos de acordo com as gerações, mesmo que de maneira inconsciente.

É possível identificar a partir daí certos padrões que estão sendo repetidos em lealdade ao clã e que nem sempre nos coloca em movimento de força pela vida.

A abordagem sistêmica permite que nos libertemos, ao mesmo tempo que encontramos a paz e a felicidade.

Hellinger nos fala que há, além do inconsciente individual e do inconsciente coletivo, um "inconsciente familiar" que atua em cada membro da família.

Para ele, existes 3 leis básicas que atuam ao mesmo tempo: o pertencimento, a ordem e o equilíbrio.

Lei do pertencimento: pertencer à nossa família é nossa necessidade básica. Esse vínculo é nosso desejo mais profundo. A necessidade de pertencer vai além mesmo da necessidade de sobreviver. Isso significa que estamos dispostos a sacrificar e entregar nossa vida pela necessidade de pertencer a ela. *Bert Hellinger – A cura – pág. 17*

Segundo "Ordens do Amor", escrito por Bert Hellinger, "quando alguma pessoa é excluída, seu destino é inconscientemente assumido por membros subsequentes da família". A solução para solucionar o conflito seria integrar novamente à família a pessoa que foi excluída, pois essa aceitação possibilita que a injustiça seja compensada e os destinos não precisam mais ser repetidos.

Lei da Hierarquia: dentro do sistema familiar, cada pessoa ocupa uma posição, devendo esta ser reconhecida e valorizada pelos demais membros. Isso quer dizer que, dentro da Lei da Hierarquia, é fundamental e necessário que se respeite aqueles que vieram primeiro, ou seja, os filhos devem respeitos a seus pais e, estes, por sua vez, precisam respeitar aqueles que vieram antes deles, seus antepassados.

Neste sentido, o desequilíbrio nesta lei ocorre quando os papéis se invertem, ou seja, quando os filhos ocupam dentro da família, a posição que deveria ser de seus pais, o que pode acarretar em pais com comportamentos e atitudes infantilizados e filhos mais nervosos, ansiosos e emocionalmente frágeis, já que serão obrigados a suportar uma carga emocional que, em tese, não é sua e nem deveriam carregar.

Quando queremos modificar nossos pais, perdemos força na vida

Lei do Equilíbrio: Chegando à terceira Ordem do Amor, que se trata da Lei do Equilíbrio, ela diz que, dentro de um sistema familiar, é fundamental que haja um equilíbrio entre o dar e receber. Isso quer dizer que é necessário que todos os membros doem e recebam afeto de maneira equilibrada, para assim as relações se manterem em harmonia.

No entanto, é comum observar relações, principalmente as afetivas, em que uma das partes acaba por doar mais amor do que o outro do que seu parceiro ou parceira. E é exatamente neste ponto que o desequilíbrio acontece.

Este tipo de dinâmica pode também gerar uma culpa no parceiro que recebe mais afeto do que doa, justamente por não conseguir retribuir na mesma medida o amor recebido. Diante disso, a única saída que se encontra é dar fim ao relacionamento ou passar a agredir verbalmente o parceiro que se doa demais, com o objetivo de diminuí-lo e tentar não sentir mais culpa.

Essa filosofia sistêmica é uma das visões mais saudáveis para viver com leveza nosso aprendizado pela vida. Qualquer movimento contrário disso traz sofrimento e consequências.

A forma de ver a vida dentro de um contexto sistêmico nos dá uma boa visão de muitos emaranhados que podemos viver sem ter consciência dos destinos difíceis que estamos trazendo para nossas vidas.

OS ESTÍMULOS QUE
UMA CRIANÇA PRECISA

Dificilmente aprendemos na infância a olhar para dentro e nos conhecer. Fomos treinados a olhar para fora e encontrarmos os culpados por tudo o que acontece com a gente. Isso é propagar a postura de vítima e tirar a responsabilidade de mudarmos a realidade que desejamos construir.

Aquele que se vitimiza encontra um reforço para não mudar, para permanecer na inércia e não promover a mudança que precisa.

Dessa forma damos força para a sombra que existe em nós e não na luz de cada um.

Não fomos ensinados nem estimulados a olhar para dentro e reconhecer nossa luz. Somos inclusive influenciados a potencializar a nossa sombra quando somos "convidados" pelo inconsciente coletivo a julgar e criticar atitudes que pareçam falhas.

Todo esse conteúdo está em nosso interior e precisa ser

liberado para que possamos ter equilíbrio, harmonia e destinos mais leves.

É possível acolhermos a criança interior que existe em nós e que ainda vibra sentimentos de inadequação, medos, vazios e carências para libertarmos o potencial do adulto que ficou adormecido.

Quanto mais conexão com a criança interior, mais força e resgate do poder pessoal.

Essa postura torna-se necessária para interrompermos padrões que poderão causar sofrimento aos filhos que vierem.

A VOZ DA NOSSA CRIANÇA INTERIOR

Acreditemos ou não, a nossa criança interior não se foi para dar lugar ao adulto que você é agora. Ela ainda vive em você, embora permaneça, na maioria das vezes, oculta e reprimida.

A criança interior demanda aspectos que nem sempre sabemos escutar.

É preciso que se estabeleça a segurança necessária que quando criança você precisava para que o seu "Eu adulto" tenha mais autoconfiança em suas decisões e escolhas.

A proteção e o apoio que faltou, você pode dar, mas para isso será preciso que cure sentimentos e vícios emocionais que resultaram das experiências do passado.

Às vezes, tudo o que você precisa fazer é não ser exigente demais consigo mesmo, que não coloque em si mesmo pesos insuportáveis para essa transformação acontecer na base da pressão e da culpa.

Aprenda a relaxar diante das buscas e processos de cura interior, pois ao tomar consciência da sua história, das consequências que você pode estar vivendo por conta da criança interior ferida, há uma tendência de sentirmos pena de nós mesmos e sem perceber, nos vitimizar.

A criança interior tentará trazer essa postura de vítima sem que você perceba.

Não é saudável que, ao tentar soltar um peso do passado, você atribua outro peso através da cobrança desesperada pela mudança.

Preste atenção nas coisas simples e alegrias que existem ao seu redor, valorize o momento presente, ele pede que viva novas experiências. Pede principalmente que você não perca a fé e a confiança por si mesmo. Quer que você seja espontâneo e que tenha coragem.

Entender e conhecer a si mesmo é o melhor presente e o maior ganho para buscar um propósito de vida que esteja alinhado com a sua essência.

Quando você não consegue ter uma conexão com essa parte sua que é sua criança interior, então possivelmente você terá dificuldades nos relacionamentos, sentirá enorme desconforto ao ser contrariado e o vazio poderá seguir causando insegurança e tormentos.

Lembre-se: existe uma linha muito tênue entre você acolher a sua criança interior e tornar-se refém das posturas infantilizadas e de dor que ficaram congeladas na infância. Essa é a postura de vítima como já vimos e que impede a sua evolução em vários aspectos na vida.

COMO REENCONTRAR-SE E
CURAR SUA CRIANÇA INTERIOR

As dores da nossa criança têm grande impacto em nossas vidas, podendo atuar como verdadeiros programas em nosso sistema limitando o progresso. Ao ficarem registradas internamente, dão margem para atrair experiências semelhantes.

Enquanto não acolhemos, ela continuará à frente de nossa vida, reagindo a tudo o que remete às suas dores. Isso traz limitações significativas para nossas vidas.

Tudo o que precisa ser feito é um mergulho profundo em si mesmo para libertar essa criança da dor que a congelou quando não recebeu o alimento emocional necessário para crescer saudável emocionalmente.

Essa percepção é feita com autoconhecimento, processos terapêuticos e desenvolvimento emocional. Mas é preciso querer muito a mudança.

Em meu caso, iniciei com terapia, depois segui experienciando diversas técnicas e ferramentas de expansão de consciência e psicologia positiva.

Até hoje estou em contato com esse universo que trouxe uma clareza imensa e um despertar para a vida que eu não imaginava ser possível.

Vejo muitas pessoas com 40 a 50 anos com uma criança interior ferida de forma muito intensa, precisando se libertar de emaranhados que limitam a compreensão de si mesmas devido às feridas abertas de seu histórico de vida, porém sem consciência disso.

Existe um grande equívoco quando há resistências em buscar libertar essas dores porque num primeiro momento acredita-se que remexer em dores do passado pode despertá-las com mais força. Isso é um programa inconsciente de proteção que na maioria das vezes impede a evolução.

Existe uma frase que é atribuída a C. G. Jung – e que infelizmente eu não consegui localizar em qual livro, que é fantástica para considerarmos algumas questões importantes do nosso funcionamento mental e emocional. A frase diz o seguinte: "O que você resiste, persiste".

Outra resistência deve-se ao fato de que nem todos estão abertos aos ensinamentos, ou por não achar importante o suficiente devido os caminhos de pouca evolução percorridos em sua vida ou por estar tendo um ganho inconsciente com a postura fragilizada da criança ferida.

No meu caso eu demorei muito para "olhar" para o grau de seriedade de meus bloqueios e relacioná-los à minha criança interior ferida, porque o processo de evolução demorou a chegar.

Num primeiro momento eu busquei um ganho enorme nos acontecimentos adotando uma postura de vítima da situação, e fiquei paralisada boa parte de minha vida nesse ponto.

Nessa paralisia eu não só bloqueei os movimentos de crescimento como entrei em novos emaranhados. Então por experiencia própria, sei como funcionam nossas resistências.

Quanto mais movimentos de resistências, mais compensações a serviço de algo que está desequilibrando destinos nos sistemas familiares.

Buscamos compensar o desequilíbrio emocional de nossas vidas com medicamentos, bebidas, cigarros, vícios em geral, comida, dependência emocional, compulsão por compras, uma ou outra, ou um pouco de cada. Depende do tamanho da dor.

O papel de vítima da história desperta muita carência e uma enormidade de sofrimentos são gerados como consequência.

Se você conseguir ter essa percepção em seu processo de evolução e não souber como romper com esse padrão, peça ajuda, porque na maioria dos casos a autossabotagem causará danos.

A ajuda pode vir desde um vídeo de palestras no Youtube, livros, grupos terapêuticos, retiros terapêuticos ou terapia integrativa. Hoje existe enorme disponibilidade de métodos, inclusive no modelo à distância e online.

O importante é saber que sozinhos não temos acesso a todo o entendimento do inconsciente sobre nosso comportamento e o reflexo dele em nossas vidas.

Fica um alerta: Não caia na armadilha de achar que dará conta sozinho porque não será possível. Eu mesma passei por isso adiando muito tempo o processo terapêutico que me trouxe de volta aos eixos.

SINAIS DA CRIANÇA FERIDA

Houve um dia, em que ao visitar meus pais, me deparei com um quadro na parede com uma foto minha aos 6 anos de idade. Cabelo curtinho como um menino, sem brincos porque não tinha orelhas furadas e um olhar tão assustado do qual eu nunca tinha percebido. Me conectei com aquele olhar por um tempo e muitas coisas me vieram à cabeça, mas sem uma consolidação do que havia ali.

Quando retornei de viagem decidi buscar mais respostas sobre aquele tempo em que a imagem daquela menina parecia ter sido reprimida por algo.

Algumas memórias haviam sido bloqueadas, por mais que eu tentasse, não tinha uma narrativa clara, então busquei por ajuda com terapia devido ao tamanho do desconforto que foi ganhando força. Foi após algumas sessões de terapia que as portas do inconsciente foram abertas.

O ocorrido foi que naquela ocasião do quadro de cabelo curto, eu estava por entrar na escola e segundo minha mãe eu não facilitava para arrumar os cabelos e ela decidiu cortar para não dar trabalho.

Como eu também não tinha brincos, meu estilo ficou muito parecido com de menino. Para mim não era algo agradável estar com essa aparência. Naquela época as meninas, em sua grande maioria, usavam cabelos longos e prendiam com lacinhos para irem à escola.

Diante daquele cenário, eu passei por diversos bullyings, como denominam as agressões verbais atualmente, mas naquela época não existia isso e tão pouco as professoras estavam preparadas para lidar com algo do tipo.

Hora eu recebia apelidos e chacotas, hora era isolada pelas crianças. Isso se repetiu por longos 3 anos. O mesmo cabelo curtinho e o bullying.

Eu lembro de me sentir diferente dos outros, de começar a me fechar, adotar uma postura reprimida, tímida e triste. Então aprendi a me isolar das pessoas, inclusive da família, com frequência.

Escolhia uma ou duas colegas ao fundo da sala para me

relacionar, as mais humildes e tímidas, que possivelmente também deveriam sentir-se reprimidas por algum motivo. Era afinidade energética mesmo.

Me pegava muitas vezes admirando aquelas meninas bem vestidas e de cabelos longos e guardava algumas perguntas repetidas várias vezes comigo, do tipo: "porque sou diferente?" "Será que um dia serei igual a elas?"

Só quando eu aprendi a dizer alguns "Nãos" em relação ao meu cabelo que aos poucos fui soltando a voz em não concordar seguir cortando o cabelo curtinho.

Esse evento aparentemente banal pode ser entendido hoje como uma bobagem assim como nem foi percebido na época. Mas cada um de nós tem um nível de sensibilidade único e damos o peso baseado nisso.

De acordo com o nível de consciência de minha mãe, ela agiu assim simplesmente sem ponderar qualquer trauma ou mal que poderia me causar, até me cobrava do porquê eu estar sempre sentada no fundo da sala e com poucas amiguinhas.

Como meu irmão era bebê, ela se ocupava com os cuidados dele e quando sobrava algum tempo, direcionava a atenção para mim que já poderia estar mais independente por conta da minha idade. Não há drama nenhum nisso porque naquele tempo era essa a dinâmica das famílias.

Só que esse acontecimento desencadeou uma série de percepções e sensações equivocadas comigo mesma. Iniciou-se aí muitos emaranhados.

A sensação de inadequação me acompanhou por longos anos, uma vez que não podia compreender, não tinha maturidade para isso, a raiz de tais sentimentos. Aquela dor permaneceu fazendo morada e dando origem a novos eventos.

É exatamente assim que acontecem nossos problemas emocionais e é dessa forma que eles ganham força, por não sabermos identificar a origem.

Com o passar dos anos, passei a relacionar que para ser uma garota legal era preciso ser permissiva e agradar todo mundo. A carência crescia a passos largos e as cobranças com os amigos por atenção só aumentavam. Essa era outra postura equivocada que atrapalhou muito as amizades e relacionamentos em minha vida.

Claramente as pessoas que mantiveram amizade comigo tinham históricos semelhantes. Essa é a lei da atração, atraímos quem está na mesma frequência energética desde pequenos.

Mais tarde, essa carência também se estendeu aos relacionamentos afetivos, nos quais eu cobrava a atenção e o afeto que não havia recebido na medida de meus pais.

Claro que ocorreram mais eventos que deram origem a novas feridas emocionais e se potencializaram.

Uma ferida importante de citar foi quando meu pai, no seu entendimento sobre as meninas, foi se desligando do convívio comigo dos oito anos em diante e direcionava-se para meu irmão quatro anos mais novo. Quando eu requisitava a atenção dele, ele repetia: "lugar de menina é com a mãe, você já está ficando mocinha, deixe nós homens aqui."

Não precisa nem dizer que criei uma birra enorme com meu irmão por conta desse mal-estar.

De uma menina reservada e de poucas amigas, passei a fazer pirraças para chamar a atenção, só que eles não relacionavam essa mudança de comportamento a algum desajuste familiar.

E a vida seguiu cheia de interpretações equivocadas, tanto da minha parte, quanto por parte de meus pais que, como pessoas simples e de consciência limitada pelo próprio histórico de família, não tiveram como fazer diferente.

Todos sofremos e fomos aprendendo pelo meio do caminho com algumas percepções ou pelas consequências mesmo.

Sobre esses traumas, fui construindo um caminho de vida com a mesma repetição de padrões de minha mãe.

Foi preciso muita consciência, cura, disponibilidade em crescer, desenvolver-me como ser humano e autoconhecimento para instalar um referencial sobre o amor próprio e a autoconfiança.

O PRIMEIRO RELACIONAMENTO

O primeiro relacionamento que todos nós temos começa com a mãe desde a gestação. Essa é a porta que dá passagem para todo e qualquer relacionamento que possamos vir a construir em nossas vidas.

Há uma influência muito forte em como iremos nos comunicar com o mundo a partir dessa dinâmica. Desde se a nossa vinda foi desejada, se a mãe deseja menino ou menina, se teve uma gravidez com medos e dificuldades ou se ocorreu tudo em perfeita harmonia.

O primeiro e decisivo sucesso em nossas vidas é o nascimento. A mãe é a maior fonte geradora de vida para nós.

Partindo desse contexto, em geral, como nos relacionamos com a nossa mãe é como nos relacionamos com a vida, incluindo a vida profissional.

Hoje, enquanto adultos sabemos que nem todas as mães estão ou estiveram disponíveis para dar afeto, proteger e acolher seus filhos. Mas na infância isso não era possível entender e associar, por isso muitas dores ganharam força em nós.

O que podemos fazer para romper com sofrimentos que podem estar tornando nosso destino difícil?

Aceitar, mudar a postura interna, buscar a leveza e a libertação desses emaranhados.

Mães são pessoas comuns e a nossa recusa como filhos em vê-la desse jeito, dentro da realidade como ela é, nos conduz a problemas, dificuldades de relacionamentos e na vida em geral.

O que isso significa?

Que ela também foi uma filha com suas carências, ou uma mulher de coração partido. Significa que ela também foi uma jovem com seus sonhos, e talvez, também frustrações. Significa que a vida pela qual passou, também trouxe desafios com os quais ela talvez não tenha sabido lidar bem.

Como uma mulher comum, ela pode ter passado por situações que foram muito fortes, nas quais ela se viu sem saída. No seu senso de sobrevivência, algo teve que se reposicionar para que ela pudesse seguir adiante.

Elas também estão muitas vezes enredadas em seus emaranhados familiares, simplesmente repetindo as consequências das experiências que viveram.

E quando uma mulher que é mãe tem limitações biológicas de inteligência que torna impossível alguns entendimentos e discernimentos? Iríamos longe se fossemos seguir por esse olhar, mas não é o caso aqui.

É possível olhar para a mãe e se despedir da superheroína? Esse movimento interno é algo necessário para que, enquanto filhos, possamos sair da armadilha de idealização da mulher perfeita que rotulamos nas mães inconscientemente.

Ao identificar a mãe com o olhar idealizado, também passamos a exigir dela um comportamento que é impossível de ser alcançado.

Analise: se eu como filha, idealizo algo que minha mãe não pode dar, eu também tenho responsabilidade nas minhas dificuldades com ela. E se eu aceito essa responsabilidade, então é possível olhar para uma boa solução.

Postura que perpetua a dor: *"Enquanto eu culpo minha mãe, pouco me resta fazer a não ser esperar. E exigir. E também assim escapo da minha responsabilidade com a minha vida.*

Postura de libertação: *Ao liberá-la de expectativas extraordinárias, liberamos a nós mesmos para conduzir nossa vida dentro dos parâmetros reais. Ficamos menos ansiosos, mais satisfeitos e vemos a leveza da vida. Não brigamos mais com a fonte da nossa vida. E por consequência, não brigamos mais com a vida em si."*

É necessário nos desapegar dos julgamentos, criticas, lamentações e apegos ao que se foi para podermos dar espaço ao que virá.

Sabe-se que não é tarefa fácil em muitos casos, acomodar no coração uma postura de reverência e perdao a quem nos deu a vida por conta de históricos que possam ter causado dor e sofrimento. Mas é uma ação necessária para que possamos nos conectar com a paz interior e seguir na vida da maneira mais elevada possível.

Por muito tempo em minha vida tive uma postura interna de cobrança e julgamentos em relação a minha mãe e isso me levou a dores maiores e perda de paz. Foi difícil reconhecer e recuar como filha.

Fiquei à procura de uma mãe disponível por longos anos. Buscava na mãe de minhas amigas uma mãe que tivesse a cumplicidade que eu sonhava ter desse convívio entre mãe e filha. Procurava a segurança, a amizade, a entrega, a confiança, a proteção...

Mas como ela não estava disponível e não conseguia dar conta, eu acabava julgando, condenando e a criticando porque não conseguia entender seus motivos. Naquela época eu não percebia que ela não tinha esses recursos afetivos para dar.

Na minha adolescência, idade que demanda uma atenção maior aos filhos, por ela não dar conta, entregava-me durante as férias para minha tia, não de sangue, esposa de meu tio e ali se formou um grande laço afetivo que levei até os últimos dias de vida de minha tia. Sou imensamente grata por ter tido a oportunidade de compartilhar dessa convivência amorosa. Ficou o carinho, lembranças e a saudade.

Inconscientemente, o sentimento relacionado dessa indisponibilidade foi de rejeição e esse é uma das maiores feridas emocionais que vivemos, principalmente quando ocorre na infância.

Diante disso tudo, sei como esse comportamento de cobranças e conflitos internos machuca e cria emaranhados. Desenvolvi uma facilidade de me colocar no lugar daqueles que buscam meu trabalho por ter vivido desafios na pele e com isso, possuo os recursos necessários para ajudar de forma profunda e realista.

A empatia ocupa um grande lugar em minha vida.

Apenas a tomada de consciência e o olhar amoroso sobre nós mesmos e sobre a mãe que não é perfeita é capaz de trazer paz.

Esse texto de Maureen Murdock traz uma consciência de um olhar realista e amoroso sobre a mãe e conosco mesmo:

"Se sua mãe nunca te consolou, provavelmente será difícil que encontre um verdadeiro consolo para o coração nas relações que estabeleças com outras pessoas.

Teu trabalho será criar esse sentido de consolo para o coração dentro de si mesma.

Se sua mãe nunca se compadeceu de você, provavelmente terá pouca paciência com suas próprias falhas, assim como com as dos outros. Teu trabalho será observar a alguém que pratique a compaixão, e praticá-la você própria.

Se sua mãe silenciava sua própria criatividade, seu trabalho será dar voz a cada impulso criativo que se apresente. Pinta, escreve poesia, toca o tambor, cuida das plantas, cozinha e dança.

Se sua mãe desprezava ou rejeitava seu próprio corpo como mulher, seu trabalho é abraçar e honrar o teu corpo e a tua sexualidade.

Se se sentia abandonada por tua mãe pela razão que fosse, seu trabalho será escutar a teus próprios sentimentos e nunca abandonar a si mesma.

Para que possamos curar a profunda ferida da nossa natureza feminina, é importante que você aceite a sua mãe, compreendendo que talvez ela também tenha recebido pouco... e que você mesma se torne uma boa mãe assumindo a tarefa de ser maternal consigo mesma."

Texto de Maureen Murdock

A IMPORTÂNCIA DA FIGURA PATERNA

Pai é o impulso e a força para o mundo dos filhos, mas nem todos os pais estão disponíveis para entregar o afeto e incentivar a coragem para que os filhos se abasteçam e se conectem com o mundo de forma saudável.

Essa liberdade é necessária para que o filho possa perceber o mundo, e mais tarde caminhar para a vida de forma completa.

Atribuímos muita cobrança para aquele homem que é passível de erros como todos somos. O título de pai cria uma associação de que ele pode e deve tudo. É uma visão infantilizada que levamos muitas vezes para a vida adulta.

Muitos tornam-se pais sem planejamento e não tem habilidade alguma com a paternidade, logo eles não têm o que é preciso para entregar. Possivelmente também estão repetindo um padrão daquilo que viveram em seu sistema familiar. Se não receberam, não tem recursos internos de afeto para entregar.

Pais são nossos referenciais para o masculino. Para um filho homem, é onde ele encontra a força para ser o que seu papel permite. Através da vivência com o pai, um menino cresce e vive o que há de mais poderoso no mundo masculino, e aos poucos vai encontrando sua identidade e suas possibilidades.

O mesmo ocorre com a filha, com a diferença que após os primeiros anos com a mãe, a filha precisa da conexão com o pai para aprender a caminhar no mundo.

Com a mãe a menina precisa tomar todo o poder feminino que necessário para seguir adiante.

O pai é essencial para o bom desenvolvimento dos filhos e para que o movimento deles para o mundo seja realizado com sucesso, porém sabemos que nem sempre isso acontece.

É comum vermos nas separações de casais, filhos que são colocados no meio do conflito quase que sendo pressionado inconscientemente a tomar partido por uma das partes. Chamamos isso de alienação parental e é um dos casos que causa mais danos à saúde emocional dos filhos.

Na visão sistêmica quando a mãe quer manter os filhos longe do pai, ela os mantém longe do progresso.

Outro cenário que se vê com frequência é a ausência total de uma das partes e filhos crescendo sem a referência de um deles. Haverá uma forte possibilidade de tornarem-se adultos com algumas vulnerabilidades, dissociações ou conflitos emocionais.

A vida irá exigir deles uma postura para a qual eles não terão referencias para sustentar. Em algumas exceções esse peso poderá ser aliviado com a figura de um dos avós, padrastos ou tios, mas ressalto de que não substitui.

É importante lembrar que como o pai é o primeiro amor da filha, quando ela cresce sem essa referência fortalecida, por causa de uma separação, abandono, lares disfuncionais entre outras situações de desordem no sistema familiar, pode acontecer uma busca por preencher esse vazio nos relacionamentos afetivos. Isso é inconsciente, mas poderá causar sofrimento, pois ninguém terá como ocupar o vazio deixado pelo pai.

Essa é uma carência que precisará ser trabalhada com profissionais de ajuda da saúde emocional uma vez que a cada decepção, a carência poderá se potencializar.

CARTA DE BERT HELLINGER A SEU PAI

Como filhos, por vezes julgamos nosso pai como insuficiente, desejando coisas diferentes do que recebemos. Esse é um caminho duro para todo o sistema, onde todos sofrem e de certa forma, todos nós passamos por ele.

Por isso, coloco abaixo a carta de Bert Hellinger ao seu pai, onde ele fala que, como filho, já se colocou nesta posição de juiz do pai. Ao mesmo tempo, percebe o vazio que fica ao não ter seu pai no coração, e reconhece, como adulto, tudo o que não percebeu dos muitos presentes do seu pai durante a vida.

Essa carta, acredito eu, muitos de nós gostaríamos de escrever a nosso pai.

Querido papai,

Por muito tempo eu não soube o que me faltava mais intimamente.

Por muito tempo, querido papai, você foi expulso de meu coração.

Por muito tempo você foi um companheiro de caminho para quem eu não olhava, porque fixava meu olhar em algo maior, como me imaginava.

De repente, você voltou a mim, como de muito longe, porque minha mulher Sophie o invocou.

Ela viu você, e você me falou por meio dela.

Quando penso o quanto me coloquei muitas vezes acima de você, quanto medo também eu tinha de você, porque muitas vezes você me batia e me causava dores, e quão longe eu o expulsei de meu coração e tive de expulsá-lo, porque minha mãe se colocava entre nós; somente agora percebo como fiquei vazio e solitário, e como que separado da vida plena.

Porém, agora você voltou, como que de muito longe, para minha vida, de modo amoroso e com distanciamento, sem interferir em minha vida.

Agora começo a entender que foi por você que, dia a dia, nossa sobrevivência era assegurada sem que percebêssemos em nosso íntimo quanto amor você derramava sobre nós, sempre igual, sempre visando o nosso bem-estar e, não obstante, como que excluído de nossos corações.

Algumas vezes lhe dissemos como você foi um pai fantástico para nós?

Você foi cercado de solidão e, não obstante, permaneceu solícito e amoroso a serviço de nossa vida e de nosso futuro.

Nós tomávamos isso como algo natural, sem jamais honrar o que isso exigia de você.

Agora me vêm lágrimas, querido papai.

Eu me inclino diante de sua grandeza e tomo você em meu coração.

Tanto tempo você esteve como que excluído do meu coração.

Tão vazio ele estava sem você.

Também agora você permanece amigavelmente a uma certa distância de mim, sem esperar de mim algo que tire algo de sua grandeza e dignidade.

Você permanece o grande como meu pai, e tomo você e tudo que recebi de você, como seu filho querido.

Querido papai,

Seu Toni (assim eu era chamado em casa)." – Bert Hellinger

CONSEQUÊNCIAS DOS EMARANHADOS

Quando os filhos crescem num ambiente de brigas, conflitos, abandono ou separação dos pais, esses emaranhados podem gerar consequências como relacionamentos desajustados e depreciação de si mesmo.

É preciso olhar para nossa história e analisar como certas dinâmicas podem causar dependência emocional e conflitos sobre a auto valorização. É a partir da consciência desse olhar que damos o primeiro passo para a libertação.

No meu caso, por algum motivo inconsciente, eu não conseguia relacionar que o desajuste no relacionamento com meu pai poderia ter gerado os vazios construídos pela carência, então fui crescendo com vários sentimentos de inadequação, problemas de autoestima e insegurança.

A lealdade sistêmica inconsciente me fez atrair pessoas que poderiam me fazer sofrer pelos mesmos motivos daqueles do ambiente no qual cresci.

Ainda adolescente, acabei me casando por pressão familiar, por conta da gravidez e vivendo uma história com alguns prejuízos emocionais. Apesar da incompatibilidade e mínima probabilidade de dar certo o relacionamento, ainda assim aconteceu.

Éramos muito jovens e ambos vivíamos os mesmos vazios e necessidades. Nenhum de nós tinha como preencher no outro o que nos faltava. Dessa união veio um presente que é meu filho.

Com o fim do meu casamento após 7 anos, segui pela vida com os mesmos vazios, só que eles estavam mais doloridos e pesados.

Segui pela vida buscando migalhas de afeto e atenção em outros relacionamentos na busca incansável por preencher aqueles vazios que a figura masculina gerava em mim.

Continuei atraindo pessoas incompatíveis sedenta por preencher aquilo que ninguém poderia me dar. Afinal de contas, precisamos estar inteiros para termos relacionamentos saudáveis, ou então, a parte que está vazia gritará por socorro ao outro, o que é absolutamente injusto e infantil. Não podemos contabilizar essa falta na conta do outro.

O engraçado é que hoje consigo falar ou escrever sobre isso de forma madura e amorosa. Até um tempo atrás era totalmente improvável que tamanha consciência se formasse a partir de minha busca pela cura e evolução.

Nesse contexto todo, os relacionamentos afetivos em minha vida eram efêmeros e eu colecionava decepções.

Mesmo quando deixei minha cidade natal e fui morar numa capital, sozinha por 2 anos e meio, esses conflitos internos não foram amenizados.

Pelo contrário, quando eu ia visitar meus pais muitas

dores e conflitos se potencializavam. O que pesava também era como meus pais levavam a dinâmica no relacionamento afetivo entre eles de forma disfuncional.

Na limitação em que viviam, sem ter consciência de possíveis males que poderiam refletir, passaram a vida colocando os filhos entre as brigas deles. Aqui os problemas emocionais só cresciam.

Em nenhum momento eu percebia que o mais justo e adequado seria eu buscar ajuda com a psicoterapia para evitar o desgaste e sofrimento em que me encontrava.

Naquela época, e nos ambientes em que eu circulava, existia um preconceito enorme com a psicoterapia. Fui levada ao limite e quando o corpo já não dava mais conta, precisei fazer tratamentos psiquiátricos devido a depressão e que por ser um processo com a medicina, o preconceito era um pouco menor. Nada disso teria sido necessário se tivesse ao meu alcance as psicoterapias de hoje.

Por toda uma vida, minha mãe acusava meu pai pelos seus erros. Induzia que tomássemos partido dela e seguia com severas acusações. O mais estranho, embora o relacionamento deles fosse claramente disfuncional, foi que eles mantiveram o casamento, o que trouxe mais ônus que bônus para os filhos.

Existia um movimento de amor interrompido em relação ao meu pai que estava me desconectando com a força da vida. É como se aquele afeto não recebido tivesse causado tanta dor, que inconscientemente, passei a excluir o vínculo por proteção para evitar novos sofrimentos.

Essa é uma postura muito incoerente, pois é justamente aí que perdemos ainda mais força, é como uma árvore que adoece suas raízes.

Hoje está claro que eles deram o que podiam em termos de afeto e atenção. Tudo o que faltou foi porque eles não tinham para dar, simples assim. Eles também não receberam e estavam repetindo padrões do sistema familiar deles. Mas descobri isso depois de muitas dores e um alto custo à minha saúde.

Crescemos e desenvolvemos estratégias para suportar a dor e para nos proteger, e assim, nos enredamos a novos emaranhados.

Minha experiencia de vida me fez enxergar a importância de curar questões emocionais pela raiz, olhando para onde tudo começou. Assim, fui buscar meu caminho de evolução e despertar de consciência. Nesse caminho cheguei a uma criança interior esquecida e ferida por suas dores imensas e emaranhados profundos.

Se não formos à origem do problema, vamos lidar com camadas superficiais e as questões emocionais são resolvidas de forma superficial também. Só na raiz do problema é possível curar de forma profunda. Ressignificar tudo o que foi para dar espaço ao que será.

Eu não teria a percepção, a sensibilidade e amorosidade se a cura da criança interior não tivesse feito parte do processo de crescimento. É nela que mora a força, a coragem e o entusiasmo de nossa essência. Ela é nossa fonte de luz.

O que fica dessa experiência é que não cabe a nós julgar os relacionamentos de nossos pais, disfuncionais ou não. Mesmo que tenhamos sofrido as consequências pelo simples fato de ser a história deles. O julgamento nos vincula a permanecer na incompreensão do destino deles, nos prende aos emaranhados.

A CRIANÇA INTERIOR FERIDA DOS PAIS

Um dia nossos pais também foram crianças que tinham, medos, choravam por atenção, desejam afeto, necessitavam acolhimento e proteção, esperavam ser nutridos pelo apoio e elogios, queriam a aprovação e aceitação. Mas quantos tiveram isso na medida?

Antes de ter essa consciência, julgamos, criticamos e acusamos muitas vezes todos os erros que eles fizeram conosco, mas não olhamos para como foi o histórico de vida deles, se eles tinham como dar tudo o que reivindicamos.

Por mais razão que tenhamos em carregar mágoas deles, nunca ficamos bem ao fazer isso. Desprezar a árvore de onde viemos, significa também desprezar o fruto desta árvore: nós mesmos.

É fato que aprendemos a nos comunicar com o mundo baseado no relacionamento que aprendemos a ter conosco mesmo. Esse modelo de referência é ensinado pelos nossos pais com a dinâmica desenvolvida, porém ficamos presos a muitas limitações tempo demais para justificar a falta de uma postura responsável pela mudança que queremos.

Ao invés de criticar, podemos crescer. E crescer exige atitude.

Muitos pais carregam uma criança bem ferida, e quase já não há mais tempo, disposição ou consciência de olhar para isso, porque a cura significa se abrir e estar disponível para uma caminhada interna de evolução.

É preciso desprender de energia para fazer esses movimentos, e como já está tão solidificada a ferida, tornou-se identidade. Muitos não saberiam ser diferentes.

Se vincularam ao sofrimento. Tiveram uma vida dura, pesada e cheia de limitações.

As vezes pode não parecer, mas eles carregam pesos sem ter clareza das razões ou motivos que na maioria das vezes estão tão profundos que o inconsciente já se encarregou de esconder a sete chaves.

Algumas vezes, tentativas são feitas em vão para tentar entendê-los e amenizar o vazio daquilo que não recebemos, porque nem sempre eles sabem de onde vem a causa de seus atos.

Enquanto filhos, adotamos uma postura mesmo que sem querer de olhar somente para a nossa dor, o que nos faltou e não nos solidarizamos com o que faltou a esses pais que não conseguiram fazer diferente.

Seja você, sejamos nós, aqueles que irão mudar a história de toda nossa linhagem, pois iremos libertar as gerações que virão de muitos sofrimentos. É possível que esse seja o impulso que nos moverá em busca da cura.

Olhando para as histórias da criança interior ferida desses pais com essa perspectiva, fica mais leve entender, aceitar e liberar nossas dores e cobranças. Fica mais compreensível a ideia de que é hora de agir assumindo a postura do adulto que existe em nós.

Como filhos, reconhecer que nem sempre nossos pais estavam disponíveis para amar, apoiar, estimular, ser a fonte de nutrição afetiva dos filhos, pode ser muito frustrante. Mas é imensamente libertador.

Experimentemos olhar para nossos pais e reconhecer a dor que os impediu de estarem livres para esse amor. Reconheça as imperfeições e feridas que eles carregam e liberte-os. Libere-se também das expectativas de que eles mudem ou de que o passado pudesse ter sido diferente.

Liberte a criança interior que segue buscando esses pais idealizados. Se liberte e dê espaço para esses pais em seu coração, mesmo que a convivência não seja possível. Mesmo que a relação necessite de distanciamento.

Apenas abra espaço para esses pais, honrando a vida que você recebeu, fazendo algo bonito com ela. Essa é maior prova de amor e libertação que você pode se dar.

A DISTÂNCIA SAUDÁVEL

Buscar o caminho saudável de crescimento e evolução muitas vezes pode exigir que tenhamos que aprender a construir uma distância saudável de nossos pais.

É incrível como nos enredamos em emaranhados do nosso sistema familiar por conta dos vínculos de lealdade inconsciente. A lealdade pelo pertencimento a este grupo. Porém quando percebemos, muitas vezes já estamos criando padrões de sofrimento a nós mesmos como consequência dos sistemas em desequilíbrio.

A filosofia de trabalho de Hellinger fala de como nossos vínculos familiares definem nossas vidas. Isso significa que por baixo daquilo que sentimos como amor, afeto, raiva, briga, conflito e desavenças, há algo que liga a todos em um sistema familiar: a lealdade pelo pertencimento ao grupo.

Podemos perceber como nossos vínculos familiares influenciam nosso caminhar na vida. Essa lealdade nos guia pelo mundo. E nesse movimento de lealdade inconsciente, geralmente repetimos o que foi difícil.

A chave para quebrar o ciclo da repetição é trazer a

identificação para o consciente e honrar nossos antepassados com respeito e amor.

Honrar é seguir na força da vida em sua individualidade, construindo seu caminho, seu espaço, sua história, mesmo que de forma diferente, mas com respeito por quem veio antes.

Nem sempre nossos pais irão entender a importância e seriedade disso, por isso muitas vezes será preciso reverenciá-los e seguir nosso destino.

Quando digo distância saudável, me refiro à quando vivemos longe de nossos pais, em outra cidade, estado ou país, mas com a leveza do respeito e honra ao destino deles, à história e tudo como foi.

Em muitos casos, a proximidade do convívio filtra aquilo que precisamos enxergar, aquilo que precisamos assumir como o nosso lugar de filhos e aprender a seguir na força da vida.

Muito além do que podemos perceber, existe um mundo de conexões, forças e destinos aos quais estamos emaranhados sem que saibamos. Essa linha invisível se chama sistema familiar.

Eu sempre tive o sonho de morar próximo ao mar, talvez por nascer numa cidade de interior, longe do litoral.

Esse dia chegou. Não do jeito que eu gostaria, mas do jeito que foi possível. Quanta coisa foi preciso acontecer antes que eu pudesse reunir coragem, ousadia e desprendimento para sair do casulo.

Explico melhor:

Hoje sei que uma mudança consciente e alinhada com um propósito de vida que faça sentido para nossas vidas precisa de um mínimo de planejamento e direção para aumentar as chances de obter um resultado favorável.

Quando uma mudança é pautada por anseios, medos, fugas e conflitos, sem planejamentos, é como uma ovelha desagarrada que foge para o deserto achando que vai encontrar o que precisa, e ao chegar lá se depara com imensos desafios. Então seus problemas só mudam de lugar.

Foi mais ou menos isso que aconteceu comigo. Já não via perspectiva de mudança ou cura emocional ao estabelecer uma certa proximidade com aquela dinâmica sistêmica que me fazia sofrer e ao me divorciar, vi uma possibilidade da tão sonhada liberdade de viver com algum significado e leveza.

Sem quase nada de planejamento, fiz a transição de cidade e aos poucos novos desafios somaram aqueles que eu já precisava superar.

A distância que era para ser saudável, continuou conflituosa.

Hoje percebo claramente que quando somos tomados por dor e sofrimento e ainda assim buscamos realizar uma mudança sem estarmos conscientes dos passos necessários, muitas vezes, acabamos criando ainda mais problemas.

Ah! Como teria ajudado uma mentoria ou terapia com um profissional!

Quantos atalhos e tombos possivelmente teriam sido evitados!

Então, consideremos como distância saudável, aquela que aos poucos todos reconhecem como melhor, pois, tudo foi premiado com muitos ganhos.

A DOR DA PERDA

Meu filho ainda não tinha feito a mudança comigo, o combinado seria de que ele viria nas férias escolares. Havia ficado com meus pais, porém quando veio conhecer a cidade não se sentiu confortável com a mudança e pediu mais um tempo para mudar.

Ele tinha uma ligação muito forte com meu irmão caçula e esse era um dos motivos que o deixou apreensivo.

Após oito meses de mudança de cidade, um dia recebo a ligação com a notícia de que meu irmão caçula havia se suicidado.

Tive forças para me reerguer porque via o rostinho de meu filho de assustado, de medo, tristeza e dor, então eu me levantava por amor a ele.

Não sabia que os problemas emocionais de meu irmão caçula eram tão graves, que os emaranhados tinham crescido e que ele precisava de ajuda com urgência.

Foram dias, meses e anos de muita dor e escuridão.

Meu filho fez a mudança comigo, eu segui trabalhando para ocupar o máximo meu tempo e sufocar a dor com a exaustão.

Acredito que fui forte. Que dei conta, mesmo com um jeito imaturo, mas dei conta. Com algumas sequelas, mas dei conta.

Minha dor foi dando lugar para a dor de meu filho que também se fechou e reprimiu muito suas emoções.

Nunca contei essa parte da minha vida para ninguém, até porque, por um bom tempo minhas histórias tinham um tom de vitimismo e muitas pessoas acabavam se afastando por não se sentirem à vontade para emitir opiniões ou apoio.

É o que acontece com quem se identifica com esse papel, mesmo que sem perceber, segue buscando atenção através do vitimismo.

A questão é: o que fazer com o que aconteceu comigo, de forma que eu pudesse transformar tudo em uma jornada de superação, de evolução, de crescimento, de despertar de consciência?

Não é possível que uma vida se perca sem deixar uma lição para os que ficam.

Só pude perceber isso muito tempo depois.

É como se meu irmão tivesse deixado uma forte mensagem subliminar para mim: faça diferente, faça sua vida valer a pena, faça escolhas diferentes, se liberte de amarras, viva sua essência, honre sua história.

Esse tem sido meu caminho desde que pude superar a dor da perda, o luto e tudo o que veio junto com essa vida interrompida.

Assim que tomei consciência de que eu não estava seguindo na luz, que precisava assumir a responsabilidade pelas emoções que eu estava cultivando, e que precisava aprender a fortalecer essa luz, uma longa caminhada de cura emocional teve início.

Se você já assistiu meus vídeos no Youtube vai lembrar quando digo "os ensinamentos, dicas e aprendizados que eu trago aqui são baseados em muita superação da vida real somados aos estudos e experiencia profissional".

Falo isso na maioria dos vídeos ou textos, mas nunca desmembrei as partes mais fortes dessas experiencias.

Meu objetivo com essa revelação, além de permitir que

você me conheça melhor, é principalmente trazer situações concretas de superações para estimular uma caminhada com propósito, responsabilidade, comprometimento. É ajudá-lo a encontrar recursos internos que possam favorecer a capacidade de lidar com as adversidades.

Mesmo existindo uma criança ferida em mim, sem ter clareza de como lidar com tudo, encontrei a luz. Esse objetivo precisa existir e se manter vivo em nós, pois uma caminhada no escuro tem um preço muito alto, dores maiores ainda. É como darmos as costas para vida.

O PODER DA CRIANÇA INTERIOR

Nossa criança não é feita só de dores. Quando abrimos espaço para acolher e cuidar daquilo que dói, podemos reconhecer aspectos que estavam adormecidos. Independentemente do que passamos, a essência permanece intacta.

Quando não conseguimos cuidar dessas feridas, acabamos não enxergando a potência que essa criança traz.

Muitas vezes fazemos um recorte da nossa história. Nos apegamos a fatos dolorosos e jogamos fora o que não representa nossa dor, os ganhos, a força e espontaneidade. Fazemos isso muitas vezes porque precisamos nos convencer de que somos vítimas.

Essa postura nos aprisiona, limita nossa existência.

Aprender a integrar e incluir tudo, é um grande movimento de cura.

Aquilo que sentimos é sempre legítimo, incontestável. Aprender a acolher a dor é essencial nesse processo, mas é evidenciando também a parte leve e saudável é que ganhamos pontos conosco mesmos. Florescemos.

Porém, nem todos estão dispostos a renunciar ao roteiro que criamos para justificar nossa infelicidade.

Somente quando pudermos atravessar nossas dores, conseguiremos sentir a força que essa criança traz dentro de si. Uma força que nos move para o mais, para a vida.

"Não importa o que fizeram conosco. Importa aquilo que fazemos com o que fizeram de nós" - Jean Paul Sartre

Convido você a responder: "Que histórias você tem contato para si mesmo? A que dramas da sua vida você tem se apegado?"

Por muito tempo alimentei inconscientemente as fraquezas dando foco somente nas dores de minha criança, sem lembrar daquela menina sapeca que adorava subir em árvores, em muros, em terraços e criava um mundo imaginário onde ela sempre realizava os sonhos dela.

Por muito tempo esqueci do brilho no olhar daquela menina serelepe que dorme dentro de mim. Ela também adorava os animais e, apesar de sua mãe não gostar, ela não pensava duas vezes antes de trazer para casa os cachorrinhos que encontrava perdidos pela vizinhança. Só assim tinha amiguinhos por perto como parte da sua família.

Depois de muita lamentação e insistência, só tinha permissão para ficar com um cachorro. Os demais eram doados, segundo explicação que eles davam.

Tinha épocas que essa menina sapeca tinha um cachorro, um gato, um papagaio, uma coruja, uma galinha e um macaco.

Era tanta birra para ficar com esses animais que acabava

vencendo os pais pelo cansaço mesmo que por um breve período de tempo. Logo eles eram levados para a chácara e só ficava o cachorro e o papagaio.

Havia uma mensagem subliminar, que só na vida adulta com hipnose foi possível descobrir, de que todo esse apego pelos animais na infância também era como se minha criança quisesse formar uma nova família onde tudo pudesse ser diferente, com leveza, conexão amorosa, sem brigas, numa grande egrégora de paz.

Essa criatividade toda, esse entusiasmo, essa força amorosa era parte de minha essência, era o poder pessoal que na vida adulta foi esquecido para dar lugar a muitos dramas, histórias limitantes que a mente não parava de contar e repetir. A energia foi sendo sugada pela dor daquilo que não ficou acomodado no coração.

Assumir esse poder novamente, resgatar essa coragem, ímpeto, é uma necessidade para que possamos recomeçar, nos reinventar, florescer, caminhar no fluxo da vida, na luz com paixão e merecimento.

Então, não dê espaço para sua mente ficar por muitos anos reforçando os sentimentos de inadequação, de menos valia ou desamor que enfraquecem e limitam, pois se você não agir é isso que acontece. Quando damos muito espaço, acreditamos que essas histórias é o motor que move nossas vidas e criamos crenças de que não merecemos a leveza ou que todo o emaranhado determinará como será nosso futuro.

É importante enxergar, tomar consciência e promover a cura e acolhimento sem negar o que houve, mas não se alongar no drama vivido.

Compartilho abaixo uma citação de uma das mentoras, dona de uma riqueza interior singular, que ajudou e me inspira profundamente em minha jornada interior, Louise Hay:

"Na infinidade da vida onde estou, tudo é Perfeito, pleno e completo. Agora escolho com calma e objetividade ver meus velhos padrões e estou disposto a fazer mudanças. Sou receptivo, posso aprender, estou querendo mudar. Escolho me divertir enquanto faço isso. Escolho reagir como se eu tivesse encontrado um tesouro quando descubro algo mais para soltar. Vejo-me e sinto-me mudando momento a momento. Os pensamentos não têm mais poder sobre mim. Sou o poder do meu mundo. Opto por estar livre. Tudo está bem no meu mundo." Por Louise Hay

O PROCESSO DE CURA EMOCIONAL
E AS RESISTÊNCIAS

A percepção de que algo precisa ser feito é o primeiro passo da cura ou mudança. É a tomada de consciência que abre espaço em nosso coração para as obras começarem.

Quando temos algum padrão profundamente inserido em nós, primeiro precisamos percebê-lo, para então curarmos tal condição.

Vai haver resistências. Vão surgir desconfortos em se observar, em sentir e até a identificação com aquela sua parte que você enxergou, mas de tanto tempo que ela está ali, há uma certa identificação com tudo.

A impaciência é uma das formas de resistência, ou seja, a resistência em aprender e mudar.

Atualmente em meu trabalho, recomendo sempre

durante o processo de autoconhecimento leituras que despertam, trazem um entendimento maior, fluido. No encontro seguinte, ao perguntar se tal leitura foi feita, apenas 10% das pessoas confirmam. Esses processos tem o ritmo relacionado com nossa dedicação.

Queremos a mudança para ontem, queremos assumir nosso poder pessoal e curar a criança ferida que existe em nós. Mas quando nos colocamos disponíveis para mudar, geralmente não avaliamos que se trata da mente, emoções, de comportamento, crescimento pessoal. Assim, cada um tem o seu ritmo baseado naquilo que viveu e no esforço em viver seus processos.

Cada um de nós tem armazenado no inconsciente um arquivo de memórias que está cheio de sentimentos, crenças e dores. Essa base que estabelecerá o ritmo de como e quando vamos evoluir.

É comum também procrastinarmos diante da ação que está clara que precisa ser feita. Colocamos diversos compromissos na frente e começamos com as desculpas a nós mesmos.

A procrastinação é uma das grandes armadilhas dessa parte infantil nossa que ainda está ferida. Agimos como uma criança quando a mãe diz que é hora do banho ou de ir para a escola, na maioria das vezes fazemos outras coisas antes de assumir o que não pode mais ser adiado.

As crenças limitantes também são armadilhas que atuam como mais uma forma de resistirmos à tomada de ação. Quase toda a nossa programação, tanto positiva quanto negativa, foi aceita por nós quando tínhamos apenas três anos de idade.

Daí em diante, somos fortemente influenciados pelo

ambiente e por pessoas que nos cercam até a idade adulta. Nossas experiências desde então estão baseadas naquilo que aceitamos e acreditamos sobre nós mesmos e sobre a vida naquela época. São as influências.

Essas crenças ganham força e tornam-se resistências às mudanças.

Algumas desculpas que nos servem como crenças são: "Eu sou assim mesmo. Não tem como mudar. Já passou da idade de mudar. É trabalho demais para mim. É caro demais. Vai demorar demais. Não acredito nisso. Não tenho paciência para ler". E assim surgem uma infinidade de argumentos que cresceram e ganharam força no ambiente em que crescemos.

Outra forma das resistências se manifestarem é a negação. Nesse aspecto surge a negação à realidade e suas consequências, então há uma resistência em admitir que há uma necessidade de mudar para o bem maior.

Surge desculpas como: "Não há nada de errado comigo. Não consigo fazer nada a respeito deste problema. Não adiantará nada realizar essa mudança. Se eu o ignorar, talvez o problema desapareça. Eu sou vítima das consequências. Não tenho culpa..." e por aí vai um monte de desculpas.

Existe ainda o medo, que de longe é a maior categoria de resistência. O medo do desconhecido. Ideias como: "Ainda não estou pronto. Posso falhar. Eles poderão me rejeitar. Estou com medo de contar ao meu marido/mulher. Não sei o bastante. Poderei me magoar. Posso precisar mudar demais. Talvez fique muito caro. Não quero que ninguém saiba que tenho um problema. Tenho medo de expressar meus sentimentos. Não quero conversar sobre isso. Não tenho a energia necessária.

Quem sabe onde irei terminar? Posso perder minha liberdade. É difícil demais. Não tenho dinheiro agora. Eu poderia perder meus amigos. Não confio em ninguém. Isso poderia prejudicar minha imagem. Não sou bom o bastante" ... e muitas outras desculpas que surgem.

E a lista continua, interminável. Se você reconheceu algumas dessas formas como as que você usa para resistir, fique de olho para o que pode estar por trás de tantas desculpas que só limitam e impedem a sua evolução. Na zona de conforto não acontece nenhuma mudança.

Para cada hábito adquirido que vai contra nós mesmos, para cada experiência que passamos, para cada padrão que repetimos existe uma necessidade interior que alguns chamam de ganhos secundários. Por mais que o hábito seja ruim, ele está a serviço de um ganho para validar o problema.

Seja o que for que estejamos tentando libertar de nossas vidas, trata-se apenas de um sintoma a algo que ocorreu. Tentar eliminar o sintoma sem trabalhar na dissolução da causa é uma energia gasta desnecessariamente.

O jogo da mente segue se manifestando das mais diversas maneiras, e quanto mais resistirmos às mudanças, mais forças o problema ganha.

Quando a criança dentro de nós se sente insegura, ela cria um monte de problemas, portanto seja paciente e carinhoso consigo mesmo. Comece a se amar e se aprovar. Seja seu melhor amigo. É disso que aquela criancinha precisa para expressar seu potencial.

COMO BUSCAR O AUTOCONHECIMENTO

A busca pelo autoconhecimento é parte do processo de cura. É estar consciente de si mesmo e de todas as suas necessidades, porém é preciso valorizar essa busca, pois esse é o encontro com a sua essência.

Todo esse processo permite que possamos crescer, alcançar uma melhor qualidade de vida e bem-estar e ainda adquirir autonomia sobre nossa história.

Só o autoconhecimento irá trazer a habilidade de enxergar os caminhos que não fazem mais sentido percorrer e as dores que precisam cessar e então permitir a cura. Ao adquirimos maior consciência dos sentimentos, pensamentos e ações, encontramos a oportunidade de fortalecer o amor-próprio.

O autoconhecimento é um dos pilares da inteligência emocional, pois nos permite gerenciar melhor nossas emoções. Na vida, se não temos equilíbrio emocional, somos fadados a sermos miseráveis emocionalmente. Estar consciente de seu próprio estado emocional e conhecer quais são as emoções que mais se repetem em seu dia a dia, assim como conhecer a origem delas, é libertador.

Encontrei diversas pessoas ao longo da vida que são bem-sucedidas na carreira, e mesmo assim vivem vazios emocionais imensos por conta de não saber gerenciar suas emoções. E isso está ligado diretamente ao autoconhecimento.

Por não se conhecer profundamente, desconhecem suas reais necessidades. Sofrem no campo afetivo, com problemas de saúde, pois aquilo que está em desequilíbrio em nós, inconscientemente busca uma compensação. Como consequência surgem as compulsões pela comida, bebida e vícios. Tudo para suprir o vazio existencial.

O autoconhecimento nos capacita a estarmos alinhados aos nossos objetivos e isso reduz imensamente as frustrações e decepções ao longo da vida.

Busquei autoconhecimento através de leituras de grandes nomes do desenvolvimento pessoal e autoconhecimento como Eckhart Tolle, Charles Duhigg, Brené Brown, Dale Carnegie, Augusto Cury, Napoleon Hill, Tony Robbins e outros.

Me permiti estar na solitude, pois ninguém consegue mergulhar em seu próprio universo em meio a barulhos, muita gente ou entre roda de amigos que não tem o mesmo objetivo. Eu pude me observar, observar a natureza nas caminhadas que faço, meditar... enfim, fazer coisas que só podemos fazer enquanto estamos sozinhos.

O passo a seguir foi buscar ajuda quando não encontrava respostas para minhas aflições e conflitos ou quando as respostas e acontecimentos causavam dores e desassossego.

O que eu não poderia deixar passar foram os cursos, treinamentos e retiros que participei e, sempre que posso, ainda participo. Afinal, o autoconhecimento é para sempre, a vida é impermanente e reciclar e renovar conhecimentos e experiencias faz parte do quanto estamos dispostos a seguir crescendo.

Investir em nós mesmos é o maior presente que podemos nos dar porque o só autoconhecimento nos permite abrir as janelas da alma.

Não existe nada fora de nós sem que antes tenhamos construído algo dentro. Portanto, todas as dificuldades que encontramos para alcançar nossos objetivos estão em nós.

Olhar para dentro para perceber o que não está funcionando é como "arrumar a casa". É arrumando a casa que favorecemos nossas conquistas e sonhos.

Uma forma de estimular o autoconhecimento é o hábito de questionar-se. Buscar sair do "piloto automático" que é o hábito mecânico que muitos adotam na vida sem focar no momento presente, é muito importante também.

Relaciono aqui sete perguntas para favorecer seu caminho do autoconhecimento:

1. Qual é a característica que você mais gosta em você? E a que menos gosta?

2. Quais são os quatro adjetivos que te descrevem melhor?

3. O que está faltando para você ser feliz?

4. Se você pudesse voltar no tempo, mudaria algo?

5. Há algo que te deixa com raiva?

6. O que seus amigos diriam se fizéssemos a eles essas mesmas perguntas sobre você?

7. Você está andando em direção ao seu objetivo?

Essas perguntas ajudarão na reflexão sobre o seu autoconhecimento. Responda em uma folha, escreva a mão. A escrita é terapêutico e ajuda a nos perceber melhor. Assim que tudo começa.

Um dos maiores presentes que o ser humano pode ter é o benefício de pertencer a si mesmo.

"Nunca é alto o preço a se pagar pelo privilégio de pertencer a si mesmo." – Friedrich Nietzsche.

O TRAUMA DA REJEIÇÃO

Com histórico de uma criança ferida onde o sentimento de rejeição é acentuado, as carências e inseguranças são predominantes, é comum acreditar que há algo de errado conosco.

É importante falar do grande vilão que é o sentimento de rejeição. A criança que sofreu rejeição de alguma forma, passa a acreditar equivocadamente que tem algo de errado com ela. Acreditando ser portadora desse "defeito", passa a sentir que não merece ser amada, acolhida, ter saúde, paz de espírito e uma vida plena e abundante de forma inconsciente na maioria das vezes.

Isso dará origem a diversas escolhas e comportamentos sabotadores que vão criar e atrair mais situações de sofrimento.

A rejeição provoca um impacto negativo profundo na vida do ser humano.

Mas, por que a rejeição é tão impactante na vida de alguém?

Quando isso ocorre na infância, período que estamos formando a nossa estrutura psicológica, tem um peso e impacto maior por não sabermos interpretar o evento com maturidade.

Quando experienciamos situações de rejeição pela vida adulta, uma profunda ferida emocional é aberta. A mente faz conexão com aquela dor da rejeição ocorrida na infância quando estamos formando a nossa estrutura psicológica. Tudo ganha força.

A memória da dor fica congelada e o evento novo que acabou de ocorrer, acessa o gatilho da dor da primeira rejeição. Esse gatilho permanece vivo e pronto para enviar novos traumas.

Por isso digo que o tempo não apaga certos traumas. Chamamos isso de conexões neuronais. Logo mais explicarei melhor sobre.

Somados a dor da rejeição, a fase seguinte é a não aceitação daquilo que é, daquilo que foi e isso acontece na maioria dos casos. Ficamos querendo arrancar do coração e da mente aquilo que aconteceu pelo tamanho do incomodo. Lutamos em vão pois essa recusa só manterá preso os efeitos do trauma.

Ao não aceitarmos, acabamos por prejudicar que os aprendizados e forças positivas também cheguem até nós. É como se o sistema ficasse com o fluxo normal alterado. Impedimos o fluxo e sofremos as consequências por não aceitar.

E então, nós sofremos de forma dupla: por não aceitar e porque isso acaba por trazer mais dificuldades para nossa vida.

Toda dificuldade traz uma lição, e temos dois caminhos

a seguir: aceitar, olhar, curar e encontrar o aprendizado ou recusar tudo isso e a vida irá trazer, possivelmente, repetições dessas experiências.

O QUE SÃO CONEXÕES NEURAIS

O cérebro é formado por pequenas células, chamadas neurônios. Através das suas ramificações, os neurônios se conectam uns aos outros formando uma rede neural. Os neurônios são as células responsáveis por tudo que somos.

Em cada conexão está registrado um pensamento, uma memória, uma experiência. O cérebro constrói seu conceito pela memória associativa – ideias, pensamentos e sensações, são construídos e se interconectam nessa rede neural, formando todas as ligações possíveis.

Então se repetimos uma nova ação ou uma nova forma de resposta emocional, outros circuitos mentais crescem em função do nosso empenho. Nosso cérebro possui uma capacidade chamada plasticidade neural – o que significa que ele pode fazer novas conexões a cada momento. Sendo assim, cada vez que repetimos a nova resposta emocional, ela vai se tornando mais fácil e aceita por nós.

A mente aprende por repetição, seja algo bom ou ruim, por isso é importante saber que todo hábito tende a ganhar força por conta da consolidação dessas conexões neurais. Se o hábito estabelecido de pensamentos ou comportamentos são ruins, é importante entender que o quanto antes buscar ajuda para interromper esse hábito, mais libertação e independência emocional.

O APROFUNDAMENTO NOS ENSINAMENTOS

Às vezes, numa imersão onde ficamos horas mergulhados em ensinamentos profundos, numa egrégora de pessoas com as mesmas afinidades e energia, torna-se mais fácil acessar informações que precisamos receber e que a terapia não consegue nos dar.

Foi nessa sintonia que as coisas foram acontecendo para mim quando me senti perdida profissional e emocionalmente diante de adversidades que se repetiam em minha vida.

Trabalhei por longos anos no mercado corporativo, aprendi muito e sou imensamente grata pelas oportunidades que tive ao chegar numa cidade grande sem conhecer ninguém. Cresci, amadureci e conheci pessoas do bem que mantenho em minha vida até hoje.

Mas minha alma pedia algo diferente que eu não sabia explicar o que era.

Como naquela época desconhecia onde encontrar um profissional de carreira para fazer consultoria e ver o que precisava alinhar para que tudo fizesse mais sentido, peregrinava por tentativas, erros e acertos. O que era extremamente desgastante.

Um dia foi preciso simplesmente parar, mesmo que houvesse prejuízos financeiros, pois, a saúde já não dava mais conta.

A grande virada de chave em minha vida foi quando busquei me aprofundar nesse universo de desenvolvimento pessoal, autoconhecimento, cura emocional e expansão de consciência.

Descobri que um professor de São Paulo iria ministrar um curso focado na parte emocional e energética do desenvolvimento pessoal.

Sem pensar muito, com um forte impulso fiz a inscrição e tive os dias mais transformadores da última década. Pude fazer conexões entre minha história de vida, o sofrimento repetitivo, os desertos emocionais que eu vinha atravessando, hábitos destrutivos, os motivos das autossabotagens e como isso tudo construía um cenário sem proposito, sem brilho e de impactos negativos em minha vida.

Pude desnudar minha alma e enfrentar os monstros que seguravam minha evolução.

Tive um ensinamento profundo sobre a criança interior e todos os aspectos que envolvem esse universo. Despertou ao mesmo tempo uma sensação desconfortável e uma vontade enorme de evoluir nessa questão.

Aprendi o quanto somos seres integrados, e como não existe nenhuma dor, nem sintoma que nosso corpo não tenha tentado nos avisar antes de alguma forma.

Aprendi que tudo é energia, que toda a intenção daquilo que fazemos e sentimentos está o tempo todo atraindo situações e circunstâncias para nossas vidas.

Todos nossos atos levam uma assinatura energética daquele sentimento que estava vibrando em nosso ser e isso é que pode fazer as coisas darem certo ou não.

Se temos medo como sentimento predominante, ao executar uma ação, esse medo ecoará direcionando nossas ações nem sempre para o caminho que queremos e merecemos.

E como seres totalmente integrados, aprendi também que cada célula do nosso corpo está em conexão com todos nossos sistemas: corpo, mente e espirito num só caminho para nos nutrir e com isso, fazer funcionar.

Se nos alimentamos física e emocionalmente daquilo que é tóxico, tudo fica armazenado e vamos funcionar baseados nessa nutrição. Ou seja, não teremos recursos adequados para promovermos um funcionamento inteligente se fizermos péssimas escolhas daquilo que ingerimos, tanto para nosso físico quanto para nossa alma, pensamentos, comportamentos e sentimentos.

Escolher consumir e dar atenção a conteúdos como jornais que apenas mostram notícias de tragédias, provoca ansiedade e tristeza, e nos leva ao hábito da reclamação e lamuria.

Buscar conhecimento e manter-nos atualizados não tem nada a ver com ficar refém de jornais que promovem o medo e, sistematicamente, alienam as pessoas.

Uma desordem no equilíbrio funcional e energético começa quando o corpo busca recursos para equilibrar-se, e não encontrando, tenta compensar com aquilo que está disponível. E faltando o necessário, acaba por desajustar essa grande máquina sagrada chamado corpo humano.

Entendo perfeitamente agora que quando eu ouvia dizer que nós construímos a nossa realidade, o princípio de tudo era aprender a conectar essa integralidade de forma amorosa para a vida seguir de forma mais fluída.

A CURA ATRAVÉS DA PSICOLOGIA ENERGÉTICA

Os caminhos percorridos de estudos e cura me levaram à descoberta da psicologia energética. A partir daí, tudo foi como um portal de transformação que começou a se abrir trazendo verdadeiras riquezas para minha vida dando sentido a todo o trabalho que desenvolvo hoje.

A psicologia energética surgiu a partir da cinesiologia aplicada, juntamente com os princípios da medicina chinesa. Representa modalidades terapêuticas que equilibram, restauram e melhoram o funcionamento humano, através da combinação de intervenções físicas e cognitivas.

Mas só foi por volta dos anos 1960 que apareceram os primeiros sinais de valorização a essa visão holística de enxergar a harmonia e integração entre corpo e alma.

As tradições orientais como a acupuntura chinesa, a yoga e a ayurveda da Índia, começaram a influenciar de maneira mais significativa o modo de vida do ocidente.

O corpo é composto de meridianos e pontos energéticos que podem ser estimulados numa combinação de comandos de voz e conexão emocional. Se pudermos mudar essas energias, podemos influenciar nossa saúde, emoções e estado de espírito.

Parte do princípio que quando nos sintonizamos em um problema que nos perturba, despertamos o sistema elétrico, ou a energia *ki* ou *chi*, que começa a atuar de maneira negativa em nosso ser. É necessário, então, um procedimento para nos livrarmos do bloqueio energético.

Então foram desenvolvidas técnicas para diminuir de forma rápida e eficaz o desequilíbrio desencadeado por sentimentos e emoções negativas como o stress, o medo e a ansiedade, ao mesmo tempo que promovem sentimentos de relaxamento, resiliência, confiança e paz interior.

Passando por todos esses ensinamentos, foi criada a Emotional Freedom Techniques (EFT) ou técnica da liberdade emocional pelo americano Gary Craig.

Esse passou a ser meu foco e dedicação em desvendar todo o universo que essa técnica oferece e os benefícios que promove na saúde emocional.

Passei a desvendar um universo de possibilidades disponíveis para contribuir com toda a evolução, crescimento e cura emocional.

A motivação principal sempre foi e é a cura e acolhimento da criança interior ferida que tem sido motivo de muita dor e sofrimento da humanidade que nem tem consciência ainda do quanto tudo isso impacta negativamente em suas vidas.

Descobrir essa técnica foi como descobrir uma forma de abreviar o processo terapêutico de libertação.

A DESCOBERTA DA TÉCNICA
DE LIBERDADE EMOCIONAL

O curso que eu estava prestes a participar sobre a psicologia energética, incluía essa técnica maravilhosa e até hoje uma das mais eficientes ferramentas de cura energética disponíveis na atualidade.

A EFT, ou Técnica de Liberdade Emocional é uma ferramenta terapêutica que trabalha restaurando, equilibrando a energia dos meridianos. Ela atua no sistema energético chi, de acordo com a Medicina Tradicional Chinesa, e usa certos pontos da acupuntura. Daí o nome acupuntura energética. Mas ao mesmo tempo, também, ela inclui o uso de frases ou comandos de voz.

A EFT ajuda a ressignificar os eventos traumáticos e promove uma visão mais positiva em todas as áreas da vida por ter uma transformação de forma simples e rápida. Os ganhos para a saúde, prosperidade, qualidade de vida, relacionamentos, bem-estar e expansão de consciência serão amplos e significativos.

Em resumo, a EFT é uma ferramenta que equilibra o funcionamento entre corpo, mente e espírito.

É um método terapêutico que também está relacionado a terapias breves, porém a EFT alia a brevidade em atingir resultados à profundidade da compreensão de tudo que norteia o conhecimento do ser humano.

Eu não tinha a menor ideia do tamanho do impacto dos traumas dos acontecimentos de minha vida até me conectar com todos os ensinamentos da EFT. Não que outras terapias não tenham seus benefícios, mas o fato de ir à raiz dos problemas como a EFT, me abreviou em muito tempo que outra terapia mais longa iria levar.

É preciso estar disponível para o enfrentamento, e antes que o medo queira controlar a decisão, basta olhar para as dores de permanecer no mesmo lugar, para que ele perca força.

Foram dias gloriosos de curso onde entrei com uma a bagagem extremamente pesada e sai flutuando.

Eu enxerguei minha criança interior saltitante como quando tinha por volta dos 10 anos, me divertindo com a brincadeira preferida ao encontrar as respostas necessárias para resgatar a leveza e a paz que tanto precisava.

A gratidão tomou conta do meu coração e senti quase que instantaneamente que eu precisava ajudar a espalhar o alcance dessa técnica para o maior número de pessoas possíveis.

Claro que após o curso passei por um período intensivo de pratica até que as principais dores e bloqueios perdessem força. Praticava todos os dias e quando não dava conta de fazer sozinha buscava os vídeos de meu professor para me conduzir.

O que acontece é que todas as crenças limitantes, as dores e os traumas, ficam armazenados na memória e eles passam a servir a um propósito que normalmente são os ganhos inconscientes criados para sobreviver e pertencer aquele espaço, aquele clã. Cada um de nós desenvolve um "modus operandis" e quando buscamos nos libertar disso, a programação instalada trabalha contra essas mudanças, por isso muitas pessoas não conseguem ou sofrem para mudar.

A CRIANÇA QUE HABITA EM MIM

Hoje tenho muito respeito, amor e honro a criança que habita em mim. Embora ainda haja trabalho a se fazer, o caminho percorrido deixou uma história de transformação, perdão e gratidão por tudo o que foi e por tudo o que é.

De uma criança interior carente, sedenta por aceitação e aprovação, passou a uma criança leve, serena, firme, de alma profunda e certa de que somente a minha própria aprovação e aceitação são necessárias para que eu siga seu caminho na força da vida, construindo uma história com base no amor por mim mesma e compaixão pelas pessoas difíceis que fizeram e fazem parte dessa trajetória.

Entendendo que em tudo existe uma lição, minha criança interior está sendo ensinada a colecionar aprendizagens, pois por ser criança, essa parte tem a tendência a dramatizar os acontecimentos sem olhar para os ensinamentos.

Ao ficarmos presos no drama, entramos no modo de vitimização e em vez de aprendizagem, só colecionamos lamentos.

Talvez essa possa ser uma dica bem especial de como lidar com a parte carente e vulnerável da criança interior: fazendo com que a parte adulta ensine a como aprender a crescer, da mesma forma que faríamos com um filho querido que precisa seguir adiante com a vida.

Outro ensinamento que ajuda nesse equilíbrio é a força da ancestralidade. As células do nosso corpo carregam memórias ancestrais que nos influenciam, e muito, em nossa vida hoje. E exatamente por conta desse passado, que trazemos tanta potência dentro de nós. Assim sendo, sabedoria, recursos, instrumentos e ferramentas se encontram em estado latente prontos a se manifestar!

Precisamos assumir essa força que muito tem se perdido.

O caminho de resgate da criança interior é a possibilidade de acessar tudo o que somos, mas que pode estar esquecido ou sem forças pelas dores sofridas. Muitas vezes não sabemos quem somos por dar foco demais as dores da criança de forma inconsciente.

É importante estar atento aos gatilhos que acionam a nossa criança. Há determinadas situações que ativam memórias de dor dessa criança, fazendo com ela tome a frente da situação, nos tornando reativos.

Esteja atento a estes gatilhos. Se observe. Ao perceber que os sentimentos da criança foram despertados, rapidamente deixe que o adulto em você se coloque à frente. E diga internamente para sua criança: "Está tudo bem. Agora eu cuido disso. Pode confiar. Você está em segurança". Use essas frases-chave como mantras. Elas ajudam a fortalecer o adulto em você.

Libere a criança que habita em você, viva esse encontro.

Uma coisa importante também é eventualmente fazer coisas que sua criança gostava. As atividades lúdicas são extremamente curadoras, acessam camadas mais profundas e desenvolvem nossas habilidades, espontaneidade e leveza.

Das brincadeiras que eu gostava na infância, algumas sempre que posso, faço com amor.

"A criança que habita em mim saúda a criança que habita em você."

QUANDO NOS EXCLUÍMOS

É importante falar do movimento de exclusão feito em meio ao desespero de não se sentir pertencer, sendo amado e acolhido. Movimento esse iniciado muito cedo, na maioria das vezes, desde a infância.

Por que algumas pessoas se sentem excluídas do seu sistema familiar?

Por sentirem-se como ovelhas negras da família. E por sentirem-se assim, sentem-se diferente, não conseguem seguir naquele padrão já existente de seu clã.

É mais forte do que qualquer estímulo que possa fazê-las encaixarem-se ou moldarem-se àquele estilo.

Às vezes mudar pode custar uma vida.

As ovelhas negras são incansáveis buscadores e vieram para libertar toda uma árvore genealógica. Por conta desse movimento, as ovelhas negras da família se excluem ou são excluídas na maioria das vezes.

O que está fora de lugar aqui é que se desconectam da

força da vida ao se revelarem contra seus pais ou permanecerem sentindo-se excluídos, como se não pertencessem a nada nem ninguém.

Há de se evitar esse movimento interno de exclusão.

Se necessário for, e para o bem de todos, pode existir uma distância saudável, mas manter as leis básicas para o equilíbrio do sistema familiar é imprescindível para que não se perca a força da vida.

Foi exatamente como me senti. Então achei que o único jeito de conduzir as coisas fosse o afastamento, o isolamento. Aceitar que talvez eu não pertencesse aquele clã. Fazemos isso pelas dores sofridas e incompreendidas numa tentativa de não mais senti-las.

Fácil falar, porém difícil executar esse movimento interno, essa forma de ser quando nascemos com esse diferencial -você deve estar pensando agora...

Então dou uma dica para você do que eu mesma fiz e tenho feito por ter vivido uma experiência dessas:

Olhe para a história de vida de seus pais, procure enxergar o homem e a mulher por trás do papel de pais. Isso poderá ajudar no processo para não continuar a excluir do coração quem nos deu a vida em meio à dificuldades enquanto indivíduos, muitas vezes repetindo padrões de sofrimento dos antepassados sem consciência.

É um exercício a se fazer. Às vezes é lento e vai depender do quanto você quer ter mais equilíbrio em todas as áreas da sua vida, do quanto quer se libertar dos emaranhados, do quanto quer manifestar a força do adulto que existe em você e se responsabilizar por construir um caminho de luz.

Sejamos nós aqueles que irão renovar nossas raízes,

libertando nossos antepassados dos destinos difíceis e abrindo um caminho de luz para nossos descendentes.

Havemos de olhar para nossos filhos, pois quando insistimos na postura da exclusão, possivelmente eles seguirão nossos passos e isso traz junto uma série de consequências.

A exclusão é uma desordem e em toda desordem existe uma busca por compensação. A busca pela compensação pode acontecer não só pela própria pessoa como por um de seus filhos quando existe sofrimento.

Filhos têm amor cego inconsciente que os impede de, na maioria das vezes, enxergarem e entenderem as coisas de forma simples e real. Nesses casos, um dos caminhos que eles poderão seguir ao identificar uma dor ou desordem em relação a seus pais é a expiação daquele emaranhado.

Explicando melhor sobre a exclusão na visão sistêmica:

Existe um inconsciente atuando em nosso sistema familiar que é como um campo que guarda as informações necessárias para que haja equilíbrio, ordem e pertencimento. Ali tem os dados de quem é o pai, a mãe, os filhos, avós, a hierarquia em si. O sistema é dotado de um campo de memória que atua sobre todos que dele fazem parte.

Este inconsciente ou campo de memória vai encontrar uma forma de mostrar e apontar para o lugar vago da pessoa que foi excluída. E o sistema pede sua reinserção.

Nossa dificuldade em enxergar, perpetua a continuidade deste sentimento. Geralmente olhamos para este sentimento como uma necessidade a ser preenchida. Então imaginamos que um novo trabalho, um salário maior, uma roupa nova, ou uma viagem são caminhos para suprir o que sentimos na alma. Porém, normalmente isso não preenche, nem alivia essas sensações.

Iniciar em nós um movimento de voltar a incluir o que estava separado é o caminho. E entenda uma coisa, incluir não é conviver nem forçar afinidades que não existem, é tomar o lugar ao qual pertencemos de nosso sistema familiar no coração. Se existir afinidades, empatia e a aproximação for saudável, reforça os laços e as bases. Mas antes de tudo o sentimento precisa estar no coração.

É preciso perceber o quão profundos são nossos vínculos familiares para que possamos olhar e ver onde estamos emaranhados, o que ficou incompleto e assim organizar aos poucos aquilo que vem nos desequilibrando.

A VÍTIMA QUE HÁ EM MIM

A postura de vítima é algo muito forte na criança ferida.

As feridas na infância são dores que ficam congeladas na memória. E assim como foi para a criança que fomos naquela época, seguimos querendo ser ouvidos, amparados, acolhidos, protegidos e isso acaba desencadeando um turbilhão de necessidades não atendidas. Fica um vazio.

Sem perceber a força dessas dores, na maioria das vezes, desenvolvemos uma postura de vítimas com pouca ação de busca pela solução.

Quem está na dor não percebe o tamanho do emaranhado que está norteando a sua vida. A postura de vítima, sobretudo, não busca por solução, pois há em si um bloqueio na força da vida.

Em muitos casos, a pessoa passa a agir como se tivesse pena de si mesma. E inconscientemente, através das suas atitudes, isso forma sua personalidade. A partir dessa dinâmica, ela passa a nutrir situações onde o sofrimento pode ser a recompensa ao buscar se beneficiar através de doenças, pois enquanto sofre, recebe atenção e cuidado.

Há casos também que o sofrimento se tornou um sentimento com o qual a pessoa está tão acostumada, que sua vida se organizou dessa forma. Mesmo que a pessoa sofra, ela acaba se sentindo bem com isso.

Para muitas pessoas o sofrimento é a única possibilidade de se sentirem intensamente a si próprias: "sofro, portanto sinto-me, logo existo".

Uma das formas de organizar essa postura é dar espaço para aquele que, no entendimento da criança, é o responsável pelo sofrimento, deixando com essa pessoa a parte que o corresponde. Resolvendo assim, a compulsão ao sacrifício.

É preciso entender que onde há pena, não há força. Não há força para seguir na vida. Invalidamos a capacidade de caminhar pela vida se nos vinculamos a destinos difíceis.

Caminhar na força da vida é também olhar para o que está por trás das posturas adoecidas de algumas pessoas de nosso sistema familiar que não tiveram como atender as necessidades de seus filhos na infância. É buscar entender como foi a história deles, pois só damos aquilo que temos em nós. É dizer internamente "sinto muito pelo seu destino, mas posso fazer um pouco diferente com o meu".

Exercite isso em seu coração, se possível, sem julgamentos. No fundo, há muita força em todas as histórias e todos os destinos.

A CRIANÇA FERIDA E O ADULTO PERDIDO

Existe em toda criança ferida um adulto que em algum momento, ou na maior parte do tempo, se sentiu perdido. Pode ser que esse adulto ainda esteja à espera de alguém que o proteja e salve.

O adulto perdido sente falta de si porque ainda não conseguiu enxergar-se como adulto. Há muita carência, um vazio enorme, uma falta de direção. Há uma postura de desequilíbrio em relação ao seu lugar no mundo e no sistema familiar.

Para adultos perdidos, o papel de pais torna-se as vezes um desafio em meio a tantos conflitos que possivelmente, não chegarão à consciência. Enquanto não chegar à consciência, não há transformação. Não há cura nem evolução.

Então, mais tarde, os filhos desses adultos receberão apenas aquilo que os preencheu. E e os padrões, mais uma vez, seguirão se repetindo para seus descendentes.

O homem adulto que tem uma criança ferida, leva consequências para sua vida profissional e relacionamentos que bloqueiam seu crescimento e evolução.

Insegurança, dificuldade em tomar decisões, reatividade, instabilidade de comportamento, escolhas baseadas no medo, carências e diversos outras dificuldades, passam a ser uma constante em suas vidas. Em alguns casos, esse homem não consegue seguir pela vida e construir sua independência.

As mulheres adultas com uma criança ferida, muitas vezes acabam desenvolvendo dependência emocional ou financeira de seus parceiros. A criança interior ferida segue firme em seu propósito de resgatar emocionalmente aquilo que faltou, terceirizando ao parceiro a responsabilidade da segurança e da proteção.

Algumas mulheres abandonam suas carreiras ou negligenciam sua profissão, não por devoção à formação de uma nova família, mas por não se enxergarem capazes de serem independentes. Esse é um grande risco.

Se colocam em segundo plano, trocam sua liberdade e destinos por ideias concebidas a partir daquilo que faltou na infância. Não é raro ver esses relacionamentos, onde o afeto tão requisitado não está disponível, se tornarem pautados em controle, poder e manipulação.

Só a cura liberta para relacionamentos saudáveis do menino ou da menina ferida.

É necessário estarmos disponíveis afetivamente para nos relacionarmos. Esta travessia em direção ao mundo adulto nos proporciona um amor verdadeiro capaz de crescermos juntos, onde olhamos as diferenças e trabalhamos para integrá-las. Dessa forma, ambos ganham.

Para a cura acontecer é necessário olhar para aquilo que é difícil, aquilo que dói. É necessário integrar as sombras, aprendendo a caminhar na força e conexão da criança interior, mas em direção ao adulto que muitas vezes não ganhou espaço para crescer.

O PODER DA SOMBRA E DA LUZ

Carl Gustav Jung é um dos principais nomes conhecidos por explorar esse lado sombrio das pessoas. Através de suas pesquisas ele criou os chamados arquétipos, um conceito que considera que a mente inconsciente de cada indivíduo é fragmentada em diferentes "eus", como uma forma de organizar cada tipo de experiência que se vive.

O arquétipo da sombra representa o lado conturbado da nossa psique que contém os nossos sentimentos mais primitivos como instintos, impulsos, fraquezas, desejos e medos que foram reprimidos. Para ele, tudo isso está presente dentro de todos os seres humanos e, em muitos casos, pode se tornar uma grande fonte de energia criativa.

Nascemos como uma página em branco, mas logo na infância aprendemos que é preciso nos encaixarmos a determinados padrões para sermos aceitos. Então aprendemos a nos fragmentar, a não sermos inteiros.

Todos nós somos formados por luz e sombra em nossa criação. À medida que vamos vivendo experiências difíceis em nossas vidas, vamos integrando, de forma mais acentuada, uma ou outra. Vamos nos identificando e nos aproximando mais de uma ou de outra energia.

Uma criança interior ferida em um adulto que ainda não despertou a consciência, que não se permitiu olhar para suas questões que precisam de cura, desenvolve algumas reações equivocadas para poder lidar com suas dificuldades e dores. Dessa forma, acaba identificando-se com a sombra e até fortalecendo-a.

São muitas as vezes que ouvimos uma pessoa ou outra dizer: "sou uma pessoa frágil desde pequena, minha mãe (ou pai) dizia isso, tenho saúde frágil, ou tenho dificuldade com isso ou aquilo, sou assim mesmo, não aprendo mesmo..."

Normalmente essas pessoas estão potencializando suas sombras, aquele lado que precisa ser desenvolvido. Isso acontece muitas vezes por projeções dos medos e dificuldades sentidos dos pais e transferidos aos filhos.

Vou dar um exemplo: quando nasci, tive complicações de saúde preocupantes. Meus familiares contaram-me que foi necessário fazer muito esforço para conseguir introduzir uma agulha para o soro.

Foram quase dois meses de risco à vida iminente. Passada essa fase assustadora, cresci uma criança saudável. Mas paralelo a isso, também cresci ouvindo minha mãe dizer que eu tinha uma saúde vulnerável, que eu era uma menina frágil. Apesar disso, nunca a questionei sobre os motivos dessas afirmações.

Desenvolvi uma postura frágil, mesmo sendo uma menina saudável. Minha fisiologia passou a atender essa postura e em seguida, minha mente passou a assumir certos condicionamentos.

Só depois de adulta, quando aprendi a questionar minha identificação, entendi que demandar cuidados era o jeito de conseguir mais atenção de minha mãe, em decorrência do susto que foi quase ter me perdido ao nascer.

Quando busquei autoconhecimento e cura emocional de muitas limitações que tinham se formado é que rompi com algo que estava me adoecendo. Sai do casulo lentamente e iniciei meu processo de libertação.

As sombras são criadas por uma série de fatores, desde quando somos gerados, e vão ganhando forma, espaço e força à medida que temos as experiências na vida real e nos identificando com algumas delas. Essas experiências acabam criando um condicionamento de comportamentos, pensamentos e sentimentos.

Com o tempo, acabamos nutrindo o lado da sombra em detrimento ao da luz. E como lidar com isso?

Integrando, não reprimindo.

É importante aceitar o lado sombrio para viver na luz. São partes em nós que precisam de cura e transformação.

Acolhemos esse lado primeiro. Reprimir o lado sombrio é um dos maiores obstáculos na busca pelo amor próprio e crescimento pessoal.

Para se tornar uma pessoa mais equilibrada, é fundamental aceitar que também sentimos raiva, e assim, encontrar maneiras de canalizar essa emoção positivamente, pois ao tentar sufocá-la podemos fazer com que se torne mais intensa. Isso serve para todas as sombras.

Passos para acolher a sombra, se aceitar e se amar:

- **Identifique o seu lado sombrio** – aprenda a se

observar e procure identificar situações que causem desconforto, constrangimento ou culpa.

- Busque compreender cada aspecto do seu lado de sombra - procure compreender e entender a sua origem.

- Liberte-se da culpa - Aceite o humano que há em você, pois sempre temos pontos a serem trabalhados. Somos seres em evolução.

- Aprenda a expressar o que está em seu interior – encontre uma forma segura e sensata de liberar o que está se manifestando. Extravase através de esportes, artes, música...

- Mantenha essa conexão – esse processo de abraçar o seu lado sombrio é permanente. Afinal, a vida é impermanente.

GATILHOS MENTAIS

Os gatilhos mentais são como um fio condutor que grava na memória as informações que desencadearam dor e sofrimento.

Esses gatilhos formam conexões, e sempre que houver situações semelhantes, são acionados e passamos a reagir com a mesma intensidade como se fosse a primeira vez, mesmo que não exista mais risco.

Eles funcionam como um sistema de defesa, porém sem muita lógica por ser uma visão distorcida da realidade, com base nas dores acumuladas do passado.

Existe duas linhas que trabalham operando a favor da sombra para sustentar nossos gatilhos: Evitar, reprimir. Fugir ou lutar.

Evitar nos coloca numa grande limitação de crescimento e libertação. Nos tornamos reféns das feridas guardadas impedindo que estas sejam ressignificadas.

Reprimir é permitir que estas feridas fiquem abertas e nunca cicatrizem. Também não há crescimento e libertação nesse processo.

Nos dois aspectos fortalecemos a sombra e impedimos a luz de entrar. Não desenvolvemos recursos para lidar com os gatilhos que trazem sofrimentos e estagnamos.

Com o tempo, criamos uma sintonia com aquilo que nos machucou e atraímos pessoas e situações que nos farão viver mais situações semelhantes. É como se estivéssemos a serviços da dor.

É muito comum encontrar pessoas cujas histórias e acontecimentos, viajam por anos e décadas em suas vidas, repetitivamente e elas finalizam dizendo: "viu como não tenho sorte?" No entanto, são incapazes de olhar para seu histórico e fazer alguma associação dos impactos familiares à realidade atual. Esse é o ciclo vicioso do sofrimento.

Esses gatilhos são mais intensos e marcantes quando gerados na infância, por isso a grande facilidade de mantermos uma criança interior ferida.

Mesmo adultos, e conscientes das mudanças necessárias que precisam ser feitas, se negligenciamos a criança ferida, os gatilhos se mantêm vivos em nós.

É muito comum encontrarmos adultos com atitudes infantis. Muitos estão conscientes que precisam de ajuda, e até a buscam, mas da forma errada e nem sempre com os profissionais que trabalham com essa abordagem.

Qual a solução para isso? A solução é desarmar os gatilhos emocionais. Dissolver e eliminar a carga emocional de eventos do passado.

Por isso invisto tanto tempo e energia divulgando e trabalhando com a EFT. De todos os métodos disponíveis para lidar com as emoções, por experiência própria, tanto pessoal quanto profissional, ela é de longe a que se mostra mais eficiente e rápida.

Claro que cada profissional coloca o seu jeito de trabalhar e isso será uma grande diferencial.

Eu integrei o processo terapêutico da EFT com o método sistêmico de olhar para as questões buscando olhar para todo o sistema familiar e buscar a origem do problema.

Sou muito grata por ter me beneficiado tanto com a técnica e conseguir ajudar tantas pessoas ao redor do mundo a viverem melhor, mais leve, curadas e despertas.

CARTA À CRIANÇA INTERIOR

Em profundo respeito, conexão, amorosidade, honrando a criança que existe em mim, horas ainda carente, outras já bem curada e sapeca, como são muitas das lembranças de minha infância, escrevo essa carta para minha criança interior.

Após a leitura, recomendo que você se inspire e aventure-se nesse mergulho. A escrita é terapêutica.

"Minha criança interior, eu vejo você.

Hoje mais do que nunca, eu sinto você em toda a sua plenitude, em seu jeito de ser e viver ainda quando não sabia da força das feridas que estavam sendo abertas em você.

Sinto muito por todo medo e sentimento de inadequação que você teve um dia.

Sinto muito por toda tristeza dos momentos em que você foi levada a se sentir inadequada.

Sinto muito por todos os momentos de dores e solidão nos quais você não pode contar com alguém que pudesse evidenciar seu brilho, sua luz e singularidade.

Sinto muito por não ter visto o tamanho da sua força e da sua coragem.

Você, que desde muito menina, conversava com os animais, era meio bruxinha e enxergava um mundo criativo cheio de possibilidades. Sinto muito por todas as vezes em que foi tolhida e teve seu potencial criativo inibido.

Sinto muito por todas as vezes que se sentiu excluída e por isso não enxergava o seu lugar no mundo.

Sinto muito por essa minha versão adulta não enxergar que os conflitos do ambiente em que você cresceu não permitiram, muitas vezes, o equilíbrio necessário para que nossa história fosse construída com base no amor e na luz.

Solte essa dor. Você tem muita luz e não precisa se apegar ao drama e sofrimento para receber atenção.

Aquela necessidade de ser aceita e pertencer a algo, só faz sentido agora entre nós, você minha versão menininha eu sua versão adulta.

Você está em segurança agora.

Hoje eu vejo você.

Me perdoe, até hoje eu não sabia que era minha a responsabilidade de acolher e proteger você.

Eu te amo por você ser parte de mim e ter me feito chegar até aqui. Eu honro toda sua história. Juntas iremos nos conectar numa só força.

Eu te amo e estou pronta hoje e para sempre, para dar o afeto que você sempre precisou e acolher você em meu coração."

O QUE FICA DESSE APRENDIZADO

Crescimento, evolução, expansão de consciência, libertação, força, luz, amorosidade. É isso o que fica.

É como se estivéssemos perdidos num deserto sem qualquer recurso para sobreviver e encontrássemos um jardim florido com uma cascata de água límpida e muitos frutos frescos. Essa a percepção que tenho pelas lições que tirei, e ainda tiro, da minha própria vida e das pessoas que ajudei com meu trabalho nessa conexão com a criança interior.

Confesso que o início do processo dessa jornada é um tanto assustador, porque a tomada de consciência nos coloca em alerta. Dá medo.

Vamos enxergar coisas, ter percepções, fazer conexões que são um pouco duras em relação a nossa história e de todos que fazem ou fizeram parte dela de alguma forma.

Em alguns casos vamos precisar romper com o drama e sair do mundo das histórias para nos libertarmos dos emaranhados em que nos encontramos e isso significa romper um ciclo de sofrimento que, por mais dolorido que seja, nos vinculava a algum sofrimento familiar.

É duro enxergar que pode ser que estivéssemos viciados no sofrimento como uma maneira de não crescermos, e assim, seguirmos sem assumir a responsabilidade do adulto de caminhar firme na vida.

É duro enxergar que pode ser que estivéssemos romantizado, idolatrado nossos pais como seres perfeitos e livres de erros ou que pudessem estar livres das repetições de padrões do seu sistema familiar. Como se eles pudessem não correr o risco de estar a serviço dos emaranhados herdados do seu sistema familiar. E isso nos alienou.

É duro reconhecer a responsabilidade que nos cabe em meio a tudo em nossas vidas. É difícil assumir o adulto e sermos pais da nossa criança interior quando existe dor. Porém, esse é o caminho. E na medida em que vai sendo percorrido, tudo vai se transformando.

A parte mais difícil da tomada de consciência dessa jornada não precisa ganhar força nem peso. Desde que não nos apeguemos a culpas e que não criemos uma identificação com a dor. Será preciso manter os olhos na solução de nossos emaranhados.

É preciso focar na luz das lições para não trocar uma dor por outra, a da criança ferida por culpas do que poderia ter sido diferente ou do porque não nos libertamos há mais tempo. É preciso ficarmos atentos a isso.

O recomendável é a busca por ajuda ao sentir que algo está estranho. Após esse caminho ter se concretizado através de terapias e de autoconhecimento, vivemos uma nova fase na vida.

Um portal de luz se abre ampliando nossas capacidades e talentos. Encontramos força, criatividade e renovação espiritual. Renascemos.

Aprendemos a ter mais compaixão por nós mesmos, sermos nossos melhores amigos, repensarmos valores, crenças...

É um caminho sagrado esse acolhimento e cura da criança interior. E a partir desses relatos, cumpro mais um propósito que é o de espalhar e conscientizar mais pessoas da importância de focar essa parte essencial de nossas vidas.

Não foram poucas as vezes que atendi pessoas que vinham de longos anos de terapia e nunca haviam ouvido falar nessa abordagem terapêutica ou mesmo esse termo.

Compartilhando minhas experiências e conhecimentos, alcanço mais pessoas que podem se abrir para mais essa possibilidade.

Planto uma semente e sigo regando o jardim de cada um através de meu trabalho.

QUEM SOU EU

Sou filha, irmã, mãe, mulher e uma buscadora inata. Sou coach de vida emocional e terapeuta integral sistêmica. Trabalho com desbloqueio de potencial para uma vida abundante e mais equilibrada.

Em meu trabalho uso como ferramenta terapêutica a EFT: Técnica de Liberdade Emocional como parte do processo de desenvolvimento.

Participei de seminários com o autor do best seller "Os Segredos da Mente Milionária" T. Harv Eker num programa de reprogramação mental sobre comportamentos sabotadores. Isso me levou para outro nível de compreensão a respeito do poder da autossabotagem.

Pela minha própria jornada de vida, e de centenas de clientes que venho atendendo nos últimos anos, pude perceber e constatar que os bloqueios emocionais limitam o avanço em várias áreas da vida. Enquanto isso não for ressignificado, ficamos estagnados, repetindo padrões sabotadores que causam sofrimento a ponto de perdermos a saúde.

A base de meu trabalho é ajudar pessoas a alcançarem mais saúde emocional, clareza e a leveza necessárias para, então, conquistarem uma vida de merecimentos e resultados.

Desenvolvi um modelo de trabalho que permite atravessar fronteiras através da internet realizando atendimentos personalizados em ambiente virtual.

Ministro palestras, workshops e cursos de temáticas como: Prosperidade, Cura da Criança Interior, Relacionamentos e Transformação Pessoal e profissional.

Resgatar o potencial escondido em bloqueios emocionais é algo grandioso, pois uma mentalidade que se expande e se fortalece, cria habilidades e permite uma postura mais positiva diante da vida.

Acredito na força do merecimento de cada um, no brilho e numa vida que faça sentido, sem amarras. Essa é a força de meu trabalho.

Cassia Fernandes

🔗 cassiafernandes.com.br
✉ contato@cassiafernandes.com.br

...

www.ingramcontent.com/pod-product-compliance
Lightning Source LLC
Chambersburg PA
CBHW051213250726

48655CB00006B/2390